U0589031

科普活动组织策划

《"四特"教育系列丛书》编写组　编著

吉林出版集团股份有限公司
全国百佳图书出版单位

图书在版编目（CIP）数据

科普活动组织策划／《"四特"教育系列丛书》编写组
编著 . —长春：吉林出版集团股份有限公司，2012.4
（"四特"教育系列丛书／庄文中等主编 . 学校文化
建设与文娱活动策划组织）
ISBN 978-7-5463-8600-3

I.①科… Ⅱ.①四… Ⅲ.①科学普及－青年读物②
科学普及－少年读物 Ⅳ.① N4

中国版本图书馆 CIP 数据核字（2012）第 042052 号

科普活动组织策划
KEPU HUODONG ZUZHI CEHUA

出 版 人	吴　强	
责任编辑	朱子玉　杨　帆	
开　　本	690mm×960mm　1/16	
字　　数	250 千字	
印　　张	13	
版　　次	2012 年 4 月第 1 版	
印　　次	2023 年 2 月第 3 次印刷	

出　　版	吉林出版集团股份有限公司
发　　行	吉林音像出版社有限责任公司
地　　址	长春市南关区福祉大路 5788 号
电　　话	0431-81629667
印　　刷	三河市燕春印务有限公司

ISBN 978-7-5463-8600-3　　　　　　定价：39.80 元

前　言

　　学校教育是个人一生中所受教育最重要的组成部分，个人在学校里接受计划性的指导，系统地学习文化知识、社会规范、道德准则和价值观念。学校教育从某种意义上讲，决定着个人社会化的水平和性质，是个体社会化的重要基地。知识经济时代要求社会尊师重教，学校教育越来越受重视，在社会中起到举足轻重的作用。

　　"四特教育系列丛书"以"特定对象、特别对待、特殊方法、特例分析"为宗旨，立足学校教育与管理，理论结合实践，集多位教育界专家、学者以及一线校长、教师的教育成果与经验于一体，围绕困扰学校、领导、教师、学生的教育难题，集思广益，多方借鉴，力求全面彻底解决。

　　本辑为"四特教育系列丛书"之《学校文化建设与文娱活动策划组织》。

　　校园文化是学校本身形成和发展的物质文化和精神文化的总和。由于学校是教育人、培养人的社区，因而校园文化一般取其精神文化之含义。即学校共同成员在学校发展过程中，逐步形成的包括学校最高目标、价值观、校风、传统习惯、行为规范和规章制度在内的精神总和。

　　良好的校园文化环境是学生积极参与和悉心建设的结晶，也是实现素质教育、造就优秀人才的一个不可或缺的重要条件。因此，加强学校文化阵地的建设与组织活动策划是一项非常系统性的工程。学校文化阵地建设是学校文化的重要窗口，学校文化活动的组织策划则是学校实施素质教育和精神文明建设的重要组成部分，这两样都是学生成长成才的内在需要，更是推进学校教育工作的重要载体。

　　文化娱乐活动是文化体育娱乐活动的简称，其娱乐性、趣味性、知识性和多元化结合的特点是广大读者学习之外追求的一种健康生活情趣。

　　学校的文化娱乐活动项目包括音乐、美术、舞蹈、文学、语言、曲艺、戏剧、表演、游艺等多方面内容，广大青少年学生在课余时间通过参加多种形式的文化娱乐活动，能够达到开阔视野、陶冶情操、增长才智、提高能力、沟通人际、适应社会以及改善知识结构，掌握实用技能等效果。在这些文化娱乐活动中，他们通过接受不同形式、不同内容的有益教育，能够受到潜移默化的影响，从而达到提高思想、文化和身体的综合素质，这对造就和培养有理想、有道德、有纪律、有文化、适应时代腾飞的新一代人才有着十分重要的作用。

　　为了适应青少年发展的需要，营造良好的校园文化环境，为校园文化娱乐活动的组织策划提供良好的指导，我们特地编辑了这套书，从学校的实际情况出发，以育人为根本目标，坚持先进文化的方向，从音乐、绘画、表演、游艺等方面重点对学生的基础知识和操作能力进行训练，努力使他们在娱乐中学到知识，在欢笑中陶冶情操，并通过系统的训练和比赛，使他们的智力得到开发、知识结构得到改善，最终达到新课标要求的培养高素质的合格人才的目标。

　　本辑共 20 分册，具体内容如下：

　　1.《学校文化建设与管理创新》

　　校园文化重在建设，它包括物质文化建设、精神文化建设和制度文化建设，这三个方面建设的全面、协调的发展，将为学校树立起完整的文化形象。加强学校文化阵地的建设与组织活动策划是一项非常系统性的工程。本书对学校文化建设的组织管理与创新策划进行了系统而深入的阐述，体例科学，内容全面，具有很强的系统性、实用性、实践性和指导性。

2.《把图书馆打造成传播知识的圣地》

加强学校图书馆建设，对激发学生学习的积极性以及提高学生的整体素质有着重要的作用与意义。本书对学校图书馆的建设与管理进行了系统而深入的阐述，体例科学，内容全面，具有很强的系统性、实用性、实践性和指导性。

3.《环境与安全文化建设》

校园安全文化是校园文化的重要组成部分，提升学校安全文化建设水平已成为学校核心竞争力的基本内容之一。所谓校园安全文化是指将学校安全理念和安全价值观表现在决策和管理者的态度及行为中，落实在学校的管理制度中，将安全管理融入学校整个管理的实践中，将安全法规、制度落实在决策者、管理者和师生的行为方式中，将安全标准落实在教育教学过程中，由此构成一个良好的安全建设氛围，通过安全文化建设，影响学校各级管理人员和师生的安全自觉性，以文化的力量保障学校财产安全和师生人身安全。学校安全文化有四个层次，即：安全观念文化、安全行为文化、安全制度文化和安全物质文化。它们相互作用，相互促进。

4.《把学校建设成传播文化的阵地》

学校作为中国特色社会主义文化阵地的重要组成部分，在中华文化面临挑战和发展机遇之际，应该承担时代赋予的使命，通过教育创新，传承文明，创造先进文化，培养和谐发展的高素质创新人才来促进社会的发展，实现中华民族的伟大复兴。本书对学校文化阵地的建设与管理进行了系统而深入的阐述，体例科学，内容全面，具有很强的系统性、实用性、实践性和指导性。

5.《知识类活动组织策划》

文化知识类活动课是一门全新的课程，就其根本意义来说是为了提高学生的素质，而要做到这一点，必须加强对文化知识类活动课有效的科学的管理。尽管各科活动课教学目标是有弹性、较为宽泛的，但总的教育目标应十分明确，那就是有利于学生主体精神的体现；有利于对学生分析问题和解决问题能力的培养；有利于通过活动激发学生的自我认识；有利于学生个性的发展，管理工作不能偏离这些目标。本书对学校知识类活动的组织策划进行了系统而深入的阐述，体例科学，内容全面，具有很强的系统性、实用性、实践性和指导性。

6.《科普活动组织策划》

科技教育是拓展学生知识面的重要平台，是培养学生自主创新的首要手段，在学生成长过程中已显现出越来越不可替代的作用，而学校重视科技教育，则可以让学校内重视学生全面发展的教师和学生在校园里都能有自己的发展空间。如果能够切实从以上各个环节落实科学实践活动的开展，就可以在全校掀起一股学科学、做科学、用科学的热潮，使学生科学素养得到普遍提高，在落实了普及科学的目标的同时也提升了学校科学教育的质量。本书对学校科普活动的组织策划进行了系统而深入的阐述，体例科学，内容全面，具有很强的系统性、实用性、实践性和指导性。

7.《收藏活动组织策划》

中国文化艺术几千年源远流长的历史，也凝聚着文艺收藏的风云沧桑。社会文明的整体进步，在促进文艺创作繁荣的同时，也推动着文艺收藏的蓬勃发展。收藏可以陶冶情操、修身养性，它要求收藏者具备理性的经济头脑的同时，还要有很好的艺术修养。收藏者在收藏的过程中，潜移默化地将自己培养成理性和感性和谐统一的现代人。本书对学校收藏活动的组织策划进行了系统而深入的阐述，体例科学，内容全面，具有很强的系统性、实用性、实践性和指导性。

8.《联欢庆祝活动组织策划》

联欢庆祝活动是指单位内部或单位之间组织的联谊性质的文娱活动。通常是为了共同庆贺某一重大事件，或者在某一节日、某一重大活动完毕之后举行。联欢庆祝活动一般以聚会的形式进行，所以又称联欢晚会。本书对学校联欢庆祝活动的组织策划进行了系统而深入的阐述，体例科学，内容全面，具有很强的系统性、实用性、实践性和指导性。

9.《行为文化活动组织策划》

行为文化是指人们在生活、工作之中所贡献的、有价值的、促进文明、文化以及人类社会发展的经验及创造性活动。本书对学校行为文化活动的组织策划进行了系统而深入的阐述，体例科学，内容全面，具有很强的系统性、实用性、实践性和指导性。

10.《文娱演出活动组织策划》

演出是指演出单位或个人在特定的时间特定的环境下所举办的文艺表演活动。由于演出经过长期的发展与各地的差异，目前主要包括电影展演、音乐剧、实景演出、演唱会、音乐会、话剧、歌舞剧、戏曲、综艺、魔术、马戏、舞蹈、民间戏剧、民俗文化等种类。本书对学校文娱演出活动的组织策划进行了系统而深入的阐述，体例科学，内容全面，具有很强的系统性、实用性、实践性和指导性。

11.《音乐项目活动组织策划》

音乐是一种抒发感情、寄托感情的艺术，它以生动活泼的感性形式，表现高尚的审美理想、审美观念和审美情趣。音乐在给人以美的享受的同时，能提高人的审美能力，净化人们的灵魂，陶冶情操，提高审美情趣，树立崇高的理想。本书对学校音乐项目活动的组织策划进行了系统而深入的阐述，体例科学，内容全面，具有很强的系统性、实用性、实践性和指导性。

12.《美术项目活动组织策划》

美术作为美育的主要手段和途径，它的主要任务不仅仅是传授美术知识，也不仅仅是美术技能的训练，而是通过引导学生内心达到审美状态，良好心理得到培养和发展，不良心理受到疗治和矫正，使各种心理功能趋于和谐，各种潜能协调发展，最后达到提高人的生存价值，体验与实现美好人生的目的。本书对学校美术项目活动的组织策划进行了系统而深入的阐述，体例科学，内容全面，具有很强的系统性、实用性、实践性和指导性。

13.《舞蹈项目活动组织策划》

舞蹈能够促进少年儿童的生长发育，改善少年儿童的形体，带来艺术气质和形体美，有利于提高少年儿童的生理机能，提高少年儿童的身体素质，促进少年儿童的心理健康发展，还能够培养少年儿童的人格魅力。本书对学校舞蹈项目活动的组织策划进行了系统而深入的阐述，体例科学，内容全面，具有很强的系统性、实用性、实践性和指导性。

14.《器乐项目活动组织策划》

贝多芬曾说："音乐应当使人类的精神爆发出火花。音乐是比一切智慧、一切哲学更高的启示。"作为素质教育重要组成部分的民乐教育，更应将学生的全面发展放在首要的地位，使之形成具有显著办校特色的办学指导思想，为学校的全面发展做出贡献，取得满意的效果。本书对学校器乐项目活动的组织策划进行了系统而深入的阐述，体例科学，内容全面，具有很强的系统性、实用性、实践性和指导性。

15.《语言项目活动组织策划》

加强学校文化阵地的建设与组织活动策划是一项非常系统性的工程。学校文化阵地建设是学校文化的重要窗口，学校文化组织的策划则是学校实施素质教育和精神文明建设的重要组成部分。本书对学校语言项目活动的组织策划进行了系统而深入的阐述，体例科学，内容全面，具有很强的系统性、实用性、实践性和指导性。

16.《曲艺项目活动组织策划》

曲艺是中华民族各种"说唱艺术"的统称，它是由民间口头文学和歌唱艺术经过长期发展演变形成的一种独特的艺术形式。曲艺演员必须具备坚实的说功、唱功、做功和高超的模仿力，演员只有具备了这些技巧，才能将人物形象刻画得惟妙惟肖，使事件的叙述引人入胜，从而博得听众的欣赏。本书对学校曲艺项目活动的组织策划进行了系统而深入的阐述，体例科学，内容全面，具有很强的系统性、实用性、实践性和指导性。

17.《戏剧项目活动组织策划》

戏剧的表演形式多种多样，常见的包括话剧、歌剧、舞剧、音乐剧、木偶戏等，是由演员扮演角色在舞台上当众表演故事情节的一种综合艺术。戏剧情节、歌唱和舞蹈这三者的复杂结合，使中国戏剧具有独特的风格和一系列艺术特点。本书对学校戏剧项目活动的组织策划进行了系统而深入的阐述，体例科学，内容全面，具有很强的系统性、实用性、实践性和指导性。

18.《表演项目活动组织策划》

表演指演奏乐曲、上演剧本、朗诵诗词等直接或者借助技术设备以声音、表情、动作公开再现作品的艺术形式。加强学校文化阵地的建设与组织活动策划是一项非常系统性的工程。本书对学校表演项目活动的组织策划进行了系统而深入的阐述，体例科学，内容全面，具有很强的系统性、实用性、实践性和指导性。

19.《棋牌项目活动组织策划》

棋牌是对棋类和牌类娱乐项目的总称，包括中国象棋、围棋、国际象棋、蒙古象棋、五子棋、跳棋、国际跳棋（已列入首届世界智力运动会项目）、军棋、桥牌、扑克、麻将等诸多传统或新兴娱乐项目。棋牌是十分有趣味的娱乐活动，但不可过度沉迷于其中。本书对学校棋牌项目活动的组织策划进行了系统而深入的阐述，体例科学，内容全面，具有很强的系统性、实用性、实践性和指导性。

20.《游艺项目活动组织策划》

游艺是一种闲暇适意的生活调剂。其中既有节令性游乐活动，也有充满竞技色彩的对抗性活动，更多的则是不受时间、地点等其他条件制约的随意方便的自娱自乐活动。其中有的继承性极强，规则较严格；有的则是无拘无束的即兴自娱；有的干脆是一种与生产紧密结合的小型采集和捕捉活动。这些丰富多彩的民间游艺活动使得广大劳动人民特别是青少年无论在精神生活、智力开发还是身体素质等方面都得到有益的充实和锻炼，也成为最普及的文化活动形式。本书对学校游艺项目活动的组织策划进行了系统而深入的阐述，体例科学，内容全面，具有很强的系统性、实用性、实践性和指导性。

由于时间、经验的关系，本书在编写等方面，必定存在不足和错误之处，衷心希望各界读者、一线教师及教育界人士批评指正。

编者

目　录

第一章

学校科技教学的指导

1．学校开展科技课教学的意义

"科技人才的培养，基础在教育"，谁掌握了面向 21 世纪的教育，谁就能在 21 世纪的国际竞争中处于战略主动地位，青少年是祖国的未来，科学的希望，担负着科教兴国的历史重任。因此，把科技教育作为一项重要内容，从小学抓起，为培养未来的 21 世纪的人才打下基础势在必行。

现代科技实验教材包涵的内容十分广泛，贴近学生的生活，趣味性很强，是加强科技教育，提高学生创新素质的主渠道。这门课的开设必将增强我国少年儿童的科技意识，全面提高科学文化素质，对从小培养少年儿童学习科学方法，树立科学思想和科学精神，从而成为具有创造精神的，适应 21 世纪社会发展的建设型人才打下基础具有十分重要的意义，这就需要教师探索行之有效的教学方法，充分激发学生对科技的好奇心、求知欲，调动学生学习的积极性、主动性，使科技课上得生动活泼、情趣盎然，让学生在自觉参与中求得自我发展，逐步学会做人，做个现代的人，做个科学的人。

然而有些教师往往沿用较陈旧的方法进行教学，这种教学过程中，教师处于中心位置，学生完全处于被动状态，这种教学带来的弊端是显而易见的，即灌输多，方法呆板，教师费力，学生消极厌烦，严重地阻碍着教学效率的提高和学生创新素质的发展，使素质教育的实施受到了极大的影响。只有不断创新才能迎接未来，这是世界各国在教育改革过程中达成的共识。小学现代科技是一门崭新的学科，需要教师把创新教育观念落到教学实践中去，并在教学实践中结合儿童的特点，创造性地运用教学方法和手段，将多种教学方法进行优化组合，实现教学方法的创新，用"创新性的教"为学生"创造地学"创造环境和条件，具体地说，就是教师运用行之有效的现代教学方法，如探究教学法、角色扮演法、情境教学法等，将科学发现的过程，简洁地重演于课堂，指导学生动手、动脑，让学生体验作为学习主体，进行探索、发现和创造性思维的乐趣，从而使学生自行获取知识、运用知识，享受首创成功的快乐，提高教育教学的效果，培养具有科技创新素质的学生。

2．学校开展科技课教学的方法

健全组织构建科技教育体系

学校应深刻认识 21 世纪激烈的科技竞争，实质是教育的竞争、人才的竞争。学校开设现代科技课，就是要科技教育从娃娃抓起，培养他们对科技的兴趣和求知欲，提高参与科技活动的能力，从而成为适应 21 世纪社会发展需要的建设型人才。学校对科技教育工作十分重视，在认真学习借鉴外地经验的基础上，经过深入研究、多方论证，构建起一个较为全面、系统的科技教育网络。校长是这个系统的领导者，负责整个系统正常运转的监控工作。下设科技教育领导小组，指导各实验教师制定研究计划与具体操作实施，通过扎实深入地研究和教学教育工作，最终把学生培养成"爱科学、学科学、用科学，适应21 世纪发展的科技创新人才。"

抓好科技教育的师资队伍建设

高素质的教师队伍是实施素质教育的重要保证。自开展实验教学以来，学校领导坚持深入课堂，听课指导教学，提高科技教育的质量；每星期抽出一天的业务学习时间，组织实验教师一起学习现代科技实验教材编写总体构想，学习有关加强科技教育的文件和资料及有关的教参、教材等；每两周汇报一次科技教育情况，期末要写出 1～2 篇有见解、有创意的论文，并派教师到先进的学校参观学习。同时学校还要聘请有关部门的技术人员做辅导教师，举办科技报告、讲座，为实验教师订阅科技刊物，使教师的专业特长、自身素质有一定的提高。师资水平的提高能为科技教育的全面实施奠定坚实的基础。

落实课堂教学主渠道

科技教育的主阵地在学校，而传播科学知识、培养科学意识、训练科学思维、提高科技能力的主渠道在课堂，在发挥课堂主渠道作用上，应采取"一科为主，多科渗透"的办法。现代科技是国务院科学技术部、教育部新设的九年义务教育阶段的一门重要基础学科，主要任务是向学生进行现代科技启蒙教育，为培养具有创造精神的，适应 21 世纪社会发展需要的建设型人才奠定基础，因而学校应着力在优化科技课教学，调动学生学习的积极主动性，提高现代科技教育质量方面开展比较广泛、深入的研究和探索。在学科渗透方面，学校应要求教师在吃透教学大纲、教材的基础上，认真挖掘教学内容中的科技教育因素，找出最佳渗透点和结合点，把科技教育纳入教学目标，在课堂教学中进行渗透，发挥各科教学的综合功能，强化科技教育。

开展好科技教育活动

每周抽出一个下午的时间作为全校科技读写活动时间，让学生从家里拿来或从图书馆借来科技图书，大家在一起互相传阅、相互推荐，自由阅读、自主摘抄。学校还可以定期举办手抄本、手抄报、故事演讲大赛等活动，给同学们提供自我展示的舞台。学校还可以开设特色班，教授科技内容，在特色班教育活动中，学校应坚持做到"五定""四有"，即定时间、定地点、定教师、定计划、定制度，有组织、有备课、有检查、有成果，做到"实而不死""活而不乱"，促使学生人人参与、个人发展。为了激励学生学科技、用科技，学校还应在每学期选定一个月为"科技创新月"，通过举办科技知识讲座、创造技法辅导，开展"四小"（小发明、小制造、小论文、小设想）评选等活动，丰富学生的科技知识，提高创造实践能力，培养学科学、爱科学的思想情感。学校根据学生的活动情况，可评选出本学期的"科技星"和"科技先进班"。

3．学校科技课的创新教学

学校应采用适合新授课教学，科技活动方面对于全面调动学生学习的积极性、主动性，培养学生创新思维能力等行之有效的教学方法。在教学中注意让低年级学生在"玩中学"，提倡高年级学生在"想中学"，启发学生在"做中学"，引导学生在"用中学"，主要采用的教学方法有：

探究式教学法

探究式教学法就是教师结合教学内容创设提出问题、解决问题的情境，引导学生接触各种问题的新奇现象，去寻找问题的因果关系，从而启发学生提出问题，让学生带着问题，采用各种方法去做探究性的实验活动，从中得出结论。运用探究式教学方法上课，教师不再是知识的灌输者，而是学生认识客观事物的指导者，教师的主要任务是引导学生自己动脑、动手、动口，独立思考，独立探索，独立创造，这不仅有利于学生自学能力的发展，而且有利于促进学生创造性思维和独创精神的发展。例如：教学"稳不稳"一课中的"不倒翁"为什么总是摇摇晃晃不倒呢？这里面有什么秘密吗？出于好奇，学生很想知道这个秘密，为解开这个谜，教师应鼓励学生自己想办法去研究，让学生通过动脑、动手去获取知识，调动了学生学习的积极性、主动性。从中可以看到学生自己探索，不只是学生学会了，更主要的是学生会学了。在此基础上，启发、引导学生设计形式各样的不倒翁。通过探究式教学方法的运用，学生不但知识掌握得更加牢固，而且动手能力及想象力、创造力也得到了有效的锻炼和提高。

角色扮演法

角色扮演法是用演出的方法来组织开展教学。要运用小品、短剧或实况模拟等形式，寓科技教育于表演过程中，把科学性、知识性、趣味性巧妙地结合起来，使教学过程生活化、艺术化。使学生在角色扮演和角色交往中，学习科学知识，激发科学兴趣。角色扮演法使学生成为教学活动的中心，因此，对他们将要扮演的角色，师生需要共同策划，从学生个性、能力、表现才能等方面加以仔细选择，启发、引导学生对承担的角色作一番研究，领会角色位置、角色所起的作用、角色反映的科学意义等，让扮演者十分投入自己所承担的角色。教师要及时提醒并灵活解决角色扮演中出现的问题，但必须注意避免对学生起支配作用，要放手让他们去体验角色，创造氛围。例如在教学"我们生活在地球上"这一活动中，教师应采用角色扮演法教学，课前把活动室布置成"地球——人类乐园"的主题，在黑板上贴上世界地图，在墙的四周挂上美丽的自然环境教学挂图，教室里放上地球仪，学生们戴上自制头饰，扮演成农民、工人、博士、市长、渔民模样，拿着自制道具组织科技活动："渔民"讲"鱼儿离不开水，有水才能捕到鱼"；"市长"说城市建设需要地球提供资源；"博士"则一脸严肃地告诉大家"人类只有一个地球"。通过运用角色扮演法组织有趣的科技活动深深地吸引学生，激发他们的思维，使他们认识自己生活的地球，知道地球是人类共有的家园，爱护地球、关心地球是全世界人类的义务和责任，让学生们为爱护地球献计献策。运用角色扮演法进行教学有利于学生个性的充分发挥和发展。

合作研讨法

合作研讨法是在教学过程中通过师生之间、学生之间的相互协作、相互交流而获得知识的方法。教学过程如果没有师生之间、学生之间的相互合作、相互交流，其过程往往流于形式，教学目的也无法落实，组织有效的"合作研讨"能较好地解决教学效益问题。对于科技课上的科技讨论，某些有争议的问题，教师不要急于下结论，而应当组织学生研讨，给每个人机会充分发表自己的见解，你一言，我一语，让他们在研讨争论中获得知识。合作研讨法不仅有助于促进学生的进步发展，而且使学生间的合作与竞争成为可能，使及时的反馈成为可能，使课堂呈现出生动活泼、多姿多彩的合作场面，而这种合作（其中也有竞争）正是学生学习和发展的动力，引导着学生积极地思维。一般在以下几种情况下，应组织学生进行合作研讨：在得出规律性结论之前；在理解知识的关键处；在教材出现难点，学生理解受阻时；在某些问题可能有多种答案或有多种解答时；等等。教学实践证明，合作研讨法能使学生在多向交流中进行参与，唤起学生创造思维的火花。

模拟创造法

根据科学教育内容要求，指导学生运用已掌握的科学知识和技能，按照自己的意愿和想象，独立或协作完成某种科技作品（或设想），即模拟创造法。这种教学法的出发点和落脚点都应该是"创造"。在教学过程中，教师要坚持教育学生敢于想、善于想、勇于实践；要多欣赏，勤鼓励，耐心帮助学生。在任何情况下都没有理由伤害学生纯真的心灵和创造的热情。

如在教学"漫画仿生"一课时，教师可以让学生把某种生物的某种功能和本领与日常生活的需要联系起来，提出一些发明创造的设想。学生会充分发挥自己的想象力、创造力，大胆发言，有的说"我想发明一种测温笔，笔芯在不同的温度下会改变颜色，根据颜色的变化，测知物体的温度。"有的说："我想发明一种变色、调温服装，一年四季都能穿，很方便。"……

学生发言多种多样，甚至异想天开，显示出非常强烈的创造欲望。对于学生的回答，教师应及时给予肯定、表扬、引导。学生独特的想法得到尊重，得到表扬，能使他们享受到成功的乐趣，有利于促进学生创造性地发挥，创造意识得到有力强化，还可以进一步鼓励一部分学生动手实现自己的理想。

运用模拟创造法开展教学活动，既能激发学生的学习热情和积极性，锻炼和提高他们的思维能力、想象能力和动手能力，又能够通过创造、设想的全过程，全面检查考核学生智力因素和非智力因素的发展水平。科技课上的创造技法课，除了采用模拟创造法，还应采用创造性探讨法，以收到很好的教学效果。

暗示教学法

教学中运用人的无意识记忆，把人的理智活动和情感活动统一起来，使学生在轻松、愉快的环境中不知不觉得到学习知识的一种方法。暗示教学法的关键在于组织和创造学习情境。在教学过程中，教师应采用一系列的暗示手段，如优美的学习环境，轻松舒缓的音乐、节拍、抑扬顿挫的配乐朗读、逼真情境的创设，生动有趣的短剧表演，等等，让学生参与到活泼的游戏中。这样，学生有良好的情感体验，适于激发学生无意识学习的潜能，调动学生全部的身心活动，把所有注意力引导和集中到所学的内容上，形成一个最佳的学习心理状态，从而充分发挥学生的潜能，增强记忆能力，有效地掌握教学的内容，进而提高学习效果。

如教学"孔明灯"一课，教学开始，教师让学生边听故事边欣赏图画，学生都是故事谜，特别喜欢听，有趣的故事深深吸引了孩子们，他们仿佛看到了 1 000 多年前诸葛亮发明孔明灯，利用孔明灯的情景，不知不觉中了解了有关孔明灯的一些知识，同时也激发了学生研究孔明灯的兴趣。

这样运用暗示教学法，把知识教学融入故事中，能激起学生的学习热情，把儿童的好奇、好动、好玩和探求知识的强烈欲望引导到对科学知识的热爱上来，调动学生学习的积极主动性，从而提高教学效果。

另外，在教学中教师还可以经常组织接力赛、夺红旗、辩论会、科技活动游戏、科技活动展览、科技知识竞赛等富有激励性的活动，使学生在竞争的环境中学习、钻研、思考、探索、交流，培养他们互相激励、敢于竞争、不甘落后、永不满足、力攀知识高峰的思想意识。创设这样的环境不但使思维畅通，而且会富于创造，对于培养学生理解、表达、动手、想象、创造等能力也均有好处。

在教育教学中教师除采用以上五种方法外，还可采用常用的讲授法、实验法、演示法、发现法、观察法、比较分类法等教学方法。通过以上教学方法的综合运用，达到最佳的教学效果。

4．抓住学生的特点教授科技课

在科技课教学上，教师应抓住学生的心灵特点，激发学生的学习积极性、主动性和自觉性。

知识教学更加生动有趣

俗话说："理只有一个，法却有千万。"在现代科技教学中，要抓住低年级年龄小、爱玩、爱动、好奇心强等心理特点，灵活运用多种教学方法，使学生在"玩"中学、"想"中学、"用"中学、"做"中学，以取得好的效果。例如"小蝌蚪"一课中对于蝌蚪成长为青蛙的过程的教学，如果教师只是平淡地讲小蝌蚪是先长后腿、再长前腿等，那学生只会觉得枯燥无味，没有多少兴趣可言。为了调动学生学习的积极性、主动性，激发学生学习的兴趣，教师应充分利用小学生爱听故事的天性，将有关蝌蚪生长特点的知识传授融进《小蝌蚪找妈妈》的故事中，使学生在听故事的过程中了解到小蝌蚪是怎样一步一步成长为青蛙的。课下每个同学都会讲《小蝌蚪找妈妈》的故事，都能说出小蝌蚪是"先长后腿一再长前腿……一步一步成为青蛙的。"再如教学"垃圾"一课，为了使学生养成不乱扔垃圾，讲究卫生的良好习惯，教师可以运用角色扮演的方法，开展"垃圾和我"活动。

让学生分别扮演妈妈、小学生、居民等，汇报在产生垃圾、处理垃圾等方面所做的工作，学生学习兴趣将十分浓厚，大胆设想，表演自己的"绝活"。最后，教师可以将本课中与学生共同探讨学习的知识要点编成一首六句儿歌，儿歌合辙押韵，浅俗易懂，学生读起来琅琅上口，很有兴趣。学生在读背中进一步巩固并加深了对所学知识的理解。这种教学方法设计抓住了低年级学生的年龄特点，使课堂气氛十分活跃，学生始终处于学习的积极状态中，不仅牢固地掌握了所学知识，增强了保护环境、保护地球的意识，而且还培养了学生的语言表达能力和初步的想象力、创造力。

学生参与更加积极主动

认知心理学派代表人物布鲁纳曾说："知识的获得是一个主动的过程，学习者不应是信息的被动接受者，而应是知识获取过程的主动参与者。"参与学习活动是学生求知过程中的心理需要，符合儿童好玩、好表现的心理特点。只有创造机会，让学生真正参与学习活动，才能切实增强独立性、自主性、创造性等主体性品质，促进学生主动性的发展。例如：教学"空气"一课，为了让学生知道空气是什么样的物体，教师可以让学生每人带一个方便袋，让学生把方便袋在空中兜一下，方便袋便鼓起来了。学生会感到好奇："方便袋怎么鼓起来了？"一个个皱起了眉头。教师借此告诉学生"空气的存在"，并鼓励学生自己再想一些办法来证明空气的存在。学生自己动手操作实验，积极性很高。在此基础上，又证明了空气在自然状态下是没有颜色、没有气味、没有味道、透明的、有重量的气体。学生自己动手操作、观察，参与了整个认识过程，不但使知识掌握得更加牢固，而且还使学生的动手实践能力得到了有效的锻炼和提高。

让学生参加学习活动应面向全体学生，人人参与。教师指导绝不可"越俎代庖"，凡是学生能发现的，独立获取的知识，教师要多给学生一点思考的时间，让学生多一点表现自我的机会，多一点获取成功的体验，这对于激发学生学习兴趣，活跃课堂教学气氛，培养学生思维能力、动手能力、口头表达能力等具有十分重要的作用。

学生创造的意识更加强烈

现代科技课需要学生机智、巧妙、创新、独特的思维参与，而学生的这一思维活动同环境、气氛、情感、兴趣等因素有着密切的联系。对小学生来说，宽松、和谐、活跃的课堂气氛，不仅能激发求知欲望，增强探索的勇气，而且会帮助他们开拓新思路，激发创造灵感。教师应积极探索创造这种课堂气氛的方式、方法。在教学中要本着多鼓励、多启发的原则，积极引导学生独立思考，多给学生发表独特见解和发明创造的机会。学生的创新想法或做法无论多么荒唐、幼稚都不能嘲笑，反之要给予鼓励和表扬，以最大限度地激发他们创造的热情，发挥创造性。例如，科技活动"改造玩具"一课，教师组织学生讨论"如何改造玩具"，让学生充分发挥自己的想象力、创造力，大胆发言。有的说"将我的布娃娃改成会叫的娃娃"，有的说"将我的飞机做成会飞的小鸟"。学生发言多种多样，甚至异想天开，显示出非常强烈的创造欲望。对于学生的回答，教师应及时给予肯定和引导，让学生独特的想法得到极大的尊重和鼓励，使他们极大地享受到成功的乐趣，有利地促进学生创造性的发挥，使其创造意识得到有力强化。

5. 语文教学中的科技教育

　　语文教育要以学生为本，着力于语文素养的整体提高，教语文千万不能只重视知识的传授、技能的训练，而忽视对学生的培养。《义务教育语文课程标准》中也提出"现代社会要求公民具备良好的人文素养和科学素养，具备创新精神、合作意识和开放的视野，具备包含阅读理解与表达交流在内的多方面的基本能力，以及运用现代技术搜集和处理信息的能力"。未来社会必将是一个科技高速发展的社会，我们的学生如果不具备科技素养，那么，他们将无法跟上时代发展的步伐，甚至有被时代远远抛在后面的危险。

　　因此在语文教学中，教师应该把语文阅读教学与科学教育相结合，充分挖掘教材中的科技含量。让学生在学习语言文学知识、练习语言文学技能的同时，接受科学教育的感染和影响。这样不仅可以激发小学生学习兴趣，活跃课堂气氛，提高课堂效率，寓语文基础教育于广阔的科学世界中，还可以培养学生观察事物、研究事物的良好习惯，激发学生的创造意识，提高学生的科学素养，也为语文学科教学质量的提高找到新的生长点。

吃透教材，挖掘科技含量

　　对科学知识感兴趣的第一源泉、第一颗火花，来自教师对教材的分析和对事实的态度，以及对真理的了解。语文教材为我们的科学教育提供了丰富的资源，因此教师在备课时首先要吃透教材。就拿苏教版第九册语文教材来说，26 篇课文中，其中有 9 篇文章中都涉及一定的科学知识。有关于自然方面的，有关于气象方面的，有关于环保方面的……这些课文，有的讲述了科学家小时候的故事，如《装满昆虫的衣袋》，透过语言文字我们不难看出科学家的聪明智慧，对科学的执着态度和注重调查的科学方法，不畏艰难，追求真理的科学精神，这一切无不使学生深受感动和敬佩，无不激励着学生积极进取。除此之外，在语文教材中，还有很多介绍科学知识的文章：如介绍环保方面的《访问环保专家方博士》；介绍发明创造的《吊灯和鲨鱼》；介绍现代科技知识的《信用卡》；介绍文物方面知识的《莫高窟》……归纳起来简直就是一本科学的百科全书。这些知识，大大拓宽了学生的眼界，丰富了学生的科学文化底蕴。语文教材中的这类课文为我们在语文教学中进行科学教育提供了有利的条件。

把握人物的精神魅力，培养科学兴趣

行为科学表明，人的情感因素十分重要，常常主宰着学业和事业的成败。科学情感更是一切科学行为之源。因此，我们要十分重视学生科学情感的培养。在教学科学家故事的文章时，教师应引领学生通过课文内容的学习、感悟，去体会课文中人物丰富的内心世界，把握科学家的精神实质和熠熠生辉的人格魅力，让科学家成为他们的榜样和偶像，激发他们对科学的热爱之情。例如，在教学《装满昆虫的衣袋》这篇课文时，教师可以提出"是什么把法布尔引进科学的殿堂"这一问题，让学生进行讨论，学生通过对课文中所举的法布尔对昆虫十分痴迷的几个事例的了解，特别是"法布尔为了抓住一只会唱歌的虫子用了整整三天的时间，捉到一只漂亮的小甲虫高兴极了，把这个宝贝放进蜗牛的壳里，包上树叶，装进自己的衣袋回家好好欣赏……"。学生会通过讨论明白：正是这种对昆虫的痴迷，才把法布尔引进科学殿堂的。课后，教师可以让学生收集科学家的故事，利用班会时间举行"科学家的故事"演讲比赛。由此，学生也会明白只要对科学产生浓厚的兴趣，加上目标专一，持之以恒，自己的理想就一定能实现。通过学习，法布尔对科学的热爱，对科学事业

的执著，将深深地感染学生，使学生的心中涌动着对科学的热爱和向往之情。

了解科学知识，激发科学兴趣

兴趣是最好的老师，一旦学生对科学产生了兴趣，学科学、用科学就会成为自己的自觉行为。在学完《陈增巧破巫术》后，学生的话匣子打开了："老师，我有一次头疼，奶奶说可能是去世的爷爷摸我的头了，为了证实是不是真的，就用了两根筷子竖在锅里，一边叫着死去家人的名字，一边用水从筷子的上头淋，不一会，奇迹真的出现了，那筷子竟然站住了。奶奶说：'看，真是爷爷摸你的头了。一定是你爷爷没有钱用了想要钱了，晚上去烧点纸钱给你爷爷，你的头就不疼了。'晚上爸爸真的帮了我去烧了纸钱，第二天我的头真的不疼了。老师，你说是不是爷爷摸我的头呀？"有的说，我头疼时，我

的家人，用黄豆，一边走，一边丢，还不时的叫着家里死去的家人的名字。然后还烧纸钱……针对此，我利用一节科技课让学生专门自己做实验。学生做了明矾写字的实验，筷子直立的实验后，不约而同地对我说，回家一定告诉奶奶那种做法是迷信的，下次生病一定到医院去；有的说回家做实验，用事实说话，让大人们不要再迷信了……自那以后，学生对科学越来越感兴趣了，还经常找些有关科技方面的课外书聚在一起探讨研究，班上学科学的气氛更加浓厚。

利用自然环境进行调查研究

语文课本中有很多内容讲到了关于环境保护方面的问题，教育学生要合理地、科学地利用自然环境，这样才能造福于人类；反之，则会受到大自然的惩罚。例如，学习"访问环保专家方博士"一课后，老师可以搜集大量的有关水资源缺乏的资料，让学生提高节约用水的意识。还可以组织学生利用课余时间，走出校门，来到附近的河流，亲眼看看水资源的污染问题，在活动中带领学生采集水标本，

请科学老师帮忙进行分析研究。学生通过调查和访问，了解产生污染的原因，写出调查报告，并向政府有关部门提出倡议，号召家乡人民爱护家乡，爱护水资源，在发展好乡镇企业的同时还要保护好自己生存的空间，采取科学方式进行综合治理，以有利于经济的更好更快发展。

开展语文竞赛活动，渗透科技教育

语文竞赛活动的内容是丰富多彩的，不受课程标准和教材的限制，它的存在和发展为开展科技教育创设了一个自由而宽松的环境，也为学生中的科技骨干力量——一部分有科技潜力的学生提供了发挥和展示的机会和条件。

（1）科学儿歌朗读比赛。

朗诵是小学阶段经常举行的一项比赛活动，让学生朗诵爱科学的儿歌宣传科技知识，有利于启迪儿童的想象力，激发他们爱科学的兴趣并培养他们为未来的科学技术现代化而努力学习的责任感。

（2）计算机作文竞赛。

当今已进入了高科技信息化时代，计算机的运用已开始普及。开展计算机作文竞赛，就是让学生利用计算机直接作文，打破传统的作文方式，让学生深切体会到现代技术手段的优越性，激发对科技的学习兴趣。

（3）设计机器人写说明比赛。

兴趣是产生动机的主要原因，是学习的先导，是推动学生掌握知识和获得能力的一种强烈的欲望。当学生对现代科技发生兴趣时，他们就会产生强烈的求知欲，积极主动并且愉快地进行学习。机器人作为一种高科技的产物，越来越受到科学界的重视，也深受广大小学生的喜爱。因此，学校可以举行机器人设计大赛并要求为设计的机器人写上说明，将科学性、知识性、趣味性巧妙地结合起来，使学生在创作的过程中愉快地学习科学知识，培养科学想象能力。同时，也是学生对自己语言文字运用能力的一种检验。

科学是第一生产力。对小学生传授科学知识，进行科学启蒙是小学教师的一项重要任务。作为语文教师，应当把语文教学与科学教育相结合，注重渗透，讲究科学，鼓励探究，在实践中提高认识，不断发展。因地制宜的科学教育是有效的，它使学生的思想情感得到了陶冶，操作水平得到了锻炼，创新精神得到了发展，科学素养得到了提高。虽然语文课不像科学课那样直接对学生进行科学教育，但是，语文学科的性质和语文教材的功能决定了在语文学科中渗透科技教育必须结合语文学科的自身固有特点，犹如一缕春风，润物无声，让学生在潜移默化中提高科学素养。

6. 物理课上的科技教学

发挥课堂教学的主渠道作用

（1）注重科学家名人轶事与物理史教学。物理发展史是物理教学的一项重要内容，通过物理发展史的教学，不仅能使学生了解物理发展的历史，一些著名物理学家的典型事迹与故事，同时也能较好地培养学生良好的科学素养和人文精神。同时，在实际教学中，适当向学生介绍一九四九年以来，特别是改革开放以来，我国在航天领域等其他高科技领域中所取得的巨大成就，例如近年的"神舟系列飞船与载人航天工程"，了解科学技术给社会发展和国家建设带来的巨大动力，树立民族自尊心和自信心，从中受到良好的科技与人文精神教育。

（2）突出物理知识的实用价值。例如，在讲解光的直线传播时，教师可以让学生举出生产生活中，应用光的直线传播的具体例子等。

通过这些知识的介绍，使学生进一步认识到科学知识在日常生活，工农业生产乃至高科技领域中的地位和作用，从而更加相信科学，热爱科学，树立良好的科技意识和"科学技术是第一生产力"的思想。

积极组织开展物理课外活动

物理课外活动是加强对学生进行科技知识和学科渗透教育的重要阵地。与课堂教学相比，课外活动具有更大的灵活性和选择性。

（1）科技小制作。根据学校的实际情况，积极组织学生利用课外活动时间开展科技制作活动，如自制电铃、自制平行光源、制作针孔照相机、制作潜望镜、自制量筒、楼梯电灯开关电路等。

（2）指导学生阅读科普读物。根据学生的知识基础，教师要指导学生阅读有关的科普读物，使学生更多地了解科技知识和科技发展的新动向，增加学生的科技知识，使学生掌握更多的科学文化知识，培养学生的科技阅读能力。

（3）举办科普知识讲座。科技知识与社会发展、生产、生活紧密联系在一起，在举办科技讲座时，要认真选择材料，或根据有关资料撰写讲稿，根据平时收集的材料，利用活动课分班级或集中学习，可以收集军事科学、航天技术、通信技术、空间技术、科学家的事例与贡献等材料，对学生进行思想品德和科学素质教育。

7. 将现代科技引入物理教学中

在最近的百年里，物理学取得了重大的进展，今天的物理学仍在飞速发展，已出现了许多新的领域和全新的物理观念，仍然是现代前沿科学中最为激励人心的学科之一。面对一日千里的现代科技，物理教师有必要对物理学的现代进展的各个领域有一个概括的、清晰的了解，然后把它们适当的引入自己的教学过程中。

在教学过程中，适当引进新奇的物理知识

教学实践告诉我们，教师应充分利用浩如烟海的网络信息，充分搜集和整理那些与物理教学相关的新奇有趣的知识信息，在教学过程中紧扣教学内容，合理组织教学，适时透露或讲述这些知识信息，既能对教学过程起画龙点睛的妙用，又能激发学生学习动力，培养其学习兴趣。例如，在讲述"惯性"一节时，教师为印证质量是惯性大小的量度，可以以世界上最大的轮船为例，最后引进惯性的问题。可以告诉学生由于轮船质量太大，所以在航行时遇到礁石等障碍时根本就不转弯，也来不及转弯，直接就压过去继续航行。还可以在万有引力定律中引进天文知识，如黑洞，讲述光也无法逃离黑洞引力的束缚。根据第二宇宙速度计算公式和恒星质量算出黑洞半径不到 3 千米。学生们知道大的恒星半径是百万千米，现在塌缩成不到 3 千米，将会为此惊叹不已。实际上这也在无形之中为我们解决了黑洞半径的估算这一考点。

在教学过程中，只要教师花费一定的时间精力，通过网络搜集能够紧扣教学内容但又新奇古怪的知识信息，再通过备课组织、整理信息，上课时合理创设情境、巧妙穿插讲述这些知识信息，不仅能使教师自身知识面得到拓宽，更能开拓学生眼界，使学生对物理产生浓厚的学习兴趣，即使是对物理有所排斥的学生。

通过演示实验，提高学生的科技意识

加强实验教学，不仅有助于培养学生的动手操作能力、观察能力、独立分析问题解决问题的能力，而且有助于培养学生实事求是的科学态度、创新意识、创造能力，同时也使学生受到良好的科技意识教育。目前，学生普遍感到物理"难学"，其原因之一就是物理教学中缺乏实验。而在一些发达国家，非常重视物理实验教学和研究问题的方法。目前，我国中学教育正由应试教育向素质教育转变，对物理实验教学

必须引起高度的重视，为了研究好这些课题，教师必须研究教材中哪些地方会让学生感到抽象、容易混淆、接受困难，并结合教学实际，研究解决的方法，努力开发一些直观的演示，同时在教学中引进近代物理学的某些思想方法和现代科学的新成就。例如，用激光演示光的干涉和衍射，用发光二极管演示电磁感应中机械能与电能的相互转化，等等。在实验教学中，可在规定的实验中，适当增加相关演示项目，使教学内容更加丰富，使学生的眼界更加开阔。例如，"分子间作用力"的演示，可在两只乒乓球间夹上一段弹簧，球的外侧套上橡皮筋。平衡时，引力等于斥力；增大球距时，引力大于斥力；缩小球距时，引力小于斥力。这样不仅能培养学生对物理的学习兴趣，更多地拓宽学生视野，丰富他们的想象，而且能有效地提高学生的观察能力、分析问题和解决问题的能力。

通过各种课外活动，增进对前沿物理学的了解

伴随社会的发展、科技的进步，在物理教学和物理测试中应努力体现"面向现代化，面向世界，面向未来"的精神，使中学物理教学和测试的内容更接近现代物理的发展，体现前沿物理的最新成就。教育主管部门也明确要求学生要"理解自然科学的基本概念、原理和定律；了解自然科学发展的最新成就和成果及其对社会发展的影响；能读懂一般科普类文章，了解自然科学知识在人类生活和社会发展中的应用。"因此，要求教师在课余时间要指导学生进行课外阅读，了解有关当代物理学前沿的最新成果，使学生理解物理学与技术进步、社会发展的关系，从更广阔的角度认识物理学的进步。物理课外活动也是加强对学生进行科技知识和科技意识教育的重要阵地。与课堂教学相比，课外活动具有更大的灵活性和选择性。

首先，要指导学生阅读科普读物和举办科普知识讲座。根据学生的知识基础，教师要指导学生阅读有关的科普读物，使学生更多地了解科技知识和科技发展的新动向，增加学生的科技知识，并定

期组织"实用物理知识竞赛",以调动学生学习、读书的积极性,使学生掌握更多的科学文化知识,培养学生的科技阅读能力。

科技知识与社会发展、生产、生活紧密联系在一起,在举办科技讲座时,要认真选择材料,或根据有关资料撰写讲稿,根据平时收集的材料,利用活动课分班级或集中学习,可以收集军事科学、航天技术、通信技术、空间技术、科学家的事例与贡献等材料,对学生进行思想品德和科学素质教育,还可以联系社会生活中的物理,让学生自己搜集资料在班上进行专题介绍,还可以利用板报介绍科普知识及物理知识的应用。

其次,要鼓励学生将自己学到的知识运用到实际中去,学生可以利用教材中的知识,结合实际去解决生活和生产中的实际问题,如学习"水能风能的利用"后,可调查当地能源使用情况、环境污染情况,并提出改进意见,还可以结合教材中的内容,调查噪声污染、热机的使用、农村用电等情况。根据学校的实际情况,可以积极组织学生利用课外活动时间开展科技制作活动,如自制电铃、自制平行光源、制作针孔照相机、制作潜望镜、自制量筒、楼梯电灯开关电路等,并组织展评。科技活动的开展,既能锻炼学生的科技制作能力,又能为学生亲自体验物理应用、继续深入学习打下良好的基础。

总之,在现代科技发展和科技教育中,增强学生的科技意识,提高学生对科学技术是第一生产力的认识,物理起着至关重要的作用。

8. 生物课上的科技教学

新一轮生物学课程改革倡导探究性学习,不仅是学习方式的简单转变,更包含着促进学生素质发展的深意和期待。长期以来,我国的中小学教育，偏重于强调学生对学科知识的机械记忆以及解题的技能技巧的掌握，忽视了培养学生对知识的综合应用能力以及创造性地解决问题的技能，因而出现了所谓的"高分低能"现象。这一现状与我国高速发展的经济和日新月异的世界科技进步很不适应。而且，枯燥的知识灌输、学了无用处的思潮，也使不少中小学生厌学情绪浓重，学习被动，充满了只为分数的功利型学习观念和"装卸型"学习方式。探究性学习正是为了改变这一现状而推出的有力措施和新的学习模式。

探究性学习是学生在老师的指导下主动地去探究问题的学习模式。在探究性学习中，学生以类似科学研究的方式发现问题，主动地去获取知识、应用知识，其目的是改变学生的学习方式，引导学生主动参与、乐于探究、勤于动手，培养学生自我获取知识的能力。探究性学习这一新的学习模式，要求师生改变传统的教师、课本、教室三中心教学观念，改变传授型的教学方式，以适应以学生发展为本的教育理念。笔者是一名中学生物教师，又是一位科技辅导员，除了在生物课堂上实施探究性学习来引导学生主动参与外，近年来，为适应探究性活动的需要，在生物课外科技活动中实施探究性学习的教学方法上也开展了一些探索和尝试。

创设探究性问题情境，拓宽探究思路

创新并不神秘，这种求异思维的冲动和能力，可以说是人人都有的、与生俱来的天赋，是人一生下来能够适应环境的天然保障。而问题意识、问题能力可以说是创新的基础。早在20世纪30年代，陶行知先生就言简意赅地说，创新始于问题。有了问题，才会思考；有了思考，才有解决问题的方法，才有找到独立思考的可能。有问题虽然不一定有探究，但没有问题一定没有探究。因此，在教育过程中一定要创设好问题情境，以拓宽学生的探究思路。笔者在生物课外科技活动的辅导中就如何创设问题情境上尝试着改变一些旧的教学方法。

传统的生物课外活动教学方法与一般的校内课程一样，也是传授型的。比如，教师先向学生讲解如何制作植物叶脉标本、腊叶标本、透明浸制标本、蝴蝶标本等，然后示范。接下来学生依样画葫芦，做得一丝不差的就是最好，学生不必动脑筋。其效果是学生思维呆板，活动结果都在预定之中，学生自然少有兴奋、更无创新。

为改变这一状况，笔者在"探究植物叶脉标本的制作"是这样创设问题情境的：河沟里往往有一些烂叶片，捞起来用水一冲，也可得到叶脉标本，这是为什么？能否考虑用浸泡的方法来腐烂叶肉？浸泡的溶液会有哪些？浸泡的过程需多长时间？哪些植物叶片适合用浸泡的方法来制取叶脉标本？这样一来，学生的思路开阔了，思维的火花闪现了，他们会调动原有的知识结构去探究该情境中的问题，并积极地从多角度去思考问题、发现问题。学生们会在课堂上积极发言，有的说用自来水来浸泡树叶、有的说用池塘水浸泡、有的说用食醋溶液浸泡、有的说用洗衣粉溶液浸泡、有的说用碱溶液浸泡等。这些方案体现了学生思维的广阔性，体现了问题情境创设的重要性，教师应及时鼓励，以拓宽学生的思路。

对于学生提出的各种制作方法，笔者不以好坏来论断，而是依据基本原理，就其可能的结果与学生一起讨论，加以分析、比较、筛选，鼓励学生用自己的实验结果来得出结论，让学生们根据自己的想法去进行制作。其制作结果当然也不会是千篇一律的，有的人成功了，也有的人失败了。通过探究活动，最终得出池塘水和自来水是理想的浸泡溶液（细菌可以大量繁殖，而酸碱溶液抑制了细菌的繁殖），白玉兰叶片也是理想的材料。学生对自己设计方法并通过摸索进行制作兴趣十足，对做成的标本欢喜有余。在此基础上，笔者又引导学生思考如何开发叶脉标本的工艺品。这样经过多次活动以后，学生体验到了探究性学习的乐趣和甜头，对探究性学习产生了兴趣，逐步养成了善于提问、勤于思考、乐于动手的良好习惯。叶脉书签、叶脉画框、叶脉花、叶脉灯罩、叶脉生肖等多种叶脉标本的工艺品应运而生,《探究用简便方法制作叶脉标本的实验》荣获第 21 届福建省青少年科技创新大赛优秀项目三等奖。

塑造鲜明的探究个性

从某种意义上说,没有个性就没有探究,探究过程往往表现出鲜明的个性。教师应该承认学生的个体差异,尊重学生的不同兴趣爱好,同时深入了解每个学生的性格特征、兴趣爱好及特长。在此基础上实施个性教育,引导学生发展具有探究性的人格特性,鼓励并积极创造条件帮助学生发挥特长,给学生留有更大的选择余地和自由发展空间,塑造鲜明的探究个性。

（1）只有科学方法,没有标准答案。

非对即错,学习只追求一个标准答案和最高得分是传统的应试教育的一大弊端,这一弊端不仅体现在学生身上,也反映在教师的教学中,严重阻碍了探究性活动的开展。笔者在生物课外探究性活动教学中,对学生们强调只有科学方法,没有标准答案。对各种问题的讨论只重视思考问题的科学性、陈述问题的逻辑性,不强调结果的对或错。这样,打消了不少学生怕答错问题让同伴笑话的顾虑,引导学生进行独立思考,逻辑推理,把精力放在寻找论据上,广开了"言路"。学生的思路渐渐活跃起来,敢于各抒己见,慢慢地进入了主体角色。为此,笔者在课外科技活动的辅导过程中,只要学生能提出自己的想法,而不完全局限于课本,就及时予以充分肯定和鼓励,尝试塑造鲜明的探究个性。

例如,柑桔是日常生活中常见的材料,用柑桔皮来喷杀蚂蚁也是小孩子常玩的游戏,在辅导科技活动时,有位同学突发奇想:能否用大剂量的柑桔油来喷杀蟑螂?在这种探究性思维的驱使下,我因势利导,先讲述柑桔油致死昆虫的原因,然后引导学生大胆尝试、大胆探究。同学们分别用类似的植物材料如大蒜、洋葱等来喷杀蟑螂,一个个兴致勃勃，没有被从书上找不到答案所吓倒。几经周折、几经苦难，消灭蟑螂的环保型材料"诞生"了，在此过程中，不仅有一次次的探究实验，还把环保型灭蟑液在小白鼠身上做实验（以防对人体有毒害作用），最后在家庭中试用成功。一系列的探究过程完全符合科学探究的基本思路，同学们的科学意识提高了，对科学家那种严谨致学的态度也有了一个新的认识，《探究消灭蟑螂的环保型材料》获第21届福建省青少年科技创新大赛优秀项目二等奖。

（2）培养学生动手动脑。

著名教育家陶行知指出，在用脑的时候，同时用手去实验；用手的时候，同时用脑去想，才可能进行创造。探究性学习必须给学生提供既用脑又用手的机会，让学生动脑动手亲身经历问题探究的实践过程，从而获得研究的初步体验，加深对自然、社会等各种问题的思考与感悟，激发学生探索问题的求知欲和体现自身价值的创新精神，并养成独立思考和重视解决实际问题的学习习惯。

在生物学课外探究性活动中，笔者注意让学生既用脑又用手，在课程里安排了一些小发明、小创造等既用脑又用手的活动内容。同时注意诱导他们做好用脑和用手之间的衔接，在动手的过程中培养学生的探究个性。

笔者在生物科技活动中尝试让学生设计一顶适于野外捕捉昆虫用的帽子，要求该帽子集捕虫用具于一身，做到一帽多用。具体的设计方案由学生自定，其中有一个小组是这样设计的：普通的草帽用迷彩布装饰，外观大方，帽的上方装有捕虫网，捕虫网的柄还可当拐杖用，帽的下方连有雨衣，随时装卸，帽的边缘缝有五个带有拉链的口袋，内装放大镜、手电筒、指南针、地图、笔、笔记本、口罩和白纸等一些捕虫用的辅助用具，并取名为《神奇的捕虫帽》（获2003年莆田市青少年科技创新大赛三等奖）。这样，学生通过用脑—动手—再用脑—再动手反复交替，体会到有时想来很容易的操作问题，实际做起来不简单；反之，有的思考时很复杂的步骤，在实际应用熟练后，跳跃几步即可到位。强调动脑又动手、动手又动脑的教学方法，其结果不但灵活了学生们的双手，还活跃了大脑，给了他们跳跃式思维的体验，为日后的解决实际问题能力和创新能力提供了基础。

通过以上教学方法不但使每个学生体验到探究性活动的魅力和乐趣，体验到思维方法和实践操作的重要性，也培养了学生细心认真、凡事要思考的良好习惯，养成尊重科学的道理和重视实践出真知的科学素质。探究性学习是一种全新的学习方式，在探究性学习中，一个好的教师要采取科学有效的教学策略，精心设计一个让学生感到无忧无虑的空间，一个可以探索、表达、分享思想的自我完善的空间，牢牢记住和把握"学生为主体，教师为主导"这一教学原则，唯有如此，才能进一步提高探究性学习的实效性，才能使探究性学习这一重要课程理念发扬光大。

9. 信息课上的科技教学

小学信息科技是一门新的学科，在学习、实践、总结中，我们可以根据平时的教学实践，使用以下的教学方法。

"伙伴教学"法

"水平差异较大，课难上"，这是刚开始教学时面临的最大问题，家里有计算机的学生已经会使用网络寻找所需的资料，而家里没有计算机的学生连开机、关机都不会。

基础好的学生往往让教师又爱又恨。以他们为对象教学，而忽略大部分学生，当然是不合宜的。但以正常进度教学时，这部分优秀学生，因教学内容对他们缺乏新颖性，度过一开始的"炫耀期"后，总不能认真听讲，甚至影响到旁边的同学。

针对这一现象，教师在课堂上可采用伙伴教学法。首先肯定他们使用计算机的能力，并鼓励全班学生遇到困难时先请教他们，如果小能手们不能解决，则请教老师。教师解决问题时，小能手留在教师旁边学习，教师一面解决问题，一面向他们讲解处理此类问题的技巧，争取下次碰到同样的问题，小能手能够独立解决。

这样"让学生当小教师"——已有一定计算机基础的学生给掌握较慢的学生当小教师，既解决了学生原有学习层次差异问题，又培养了学生的协作精神。

实施该教法时应注意：教学时注重差异教学，要有目的有意识地辅导这部分优秀学生，既充分调动他们学习的积极性，又培养一批教师的好帮手，让一个优秀的学生带出一帮优秀的学生。

"教学空隙"法

刚开始教学时，教师应极仔细地备课，设想学生可能碰到的所有问题，并在课堂上详尽讲解，如果不这样面面俱到，学生会理解不透，最终对课堂失去兴趣。

这种教学方法，短期效果很好，学生能很快地完成当天的学习任务（只要记住教师操作的每个步骤就可以了），但从培养学生计算机应用能力、思考能力、探索能力的角度出发，是得不偿失的——他们很快就忘记了所学的内容，上节课所学的内容到下节课就忘了，上课的积极性也不断减弱。

实际上这种方法并不利于孩子们的成长，他们对这种轻松获得知识的方式不感兴趣，甚至感到厌倦——得到知识的过程过于顺利，大大削弱了他们获得知识的成就感。他们更喜欢通过自己的实践发现问题，再通过自己的思考解决问题，教师过多的帮助、解说，反而剥夺了学习的真正乐趣。

因此，教师在班中可尝试"教学空隙"法，可选择一些相对简单的教学内容，采用"粗枝大叶"的教学方式，更多内容都是通过学生给学生讲解或学生自己操作来理解、获得。而当学生遇到困难时，教师则热情地鼓励他们自己思考解决。

这不仅是一种有效的教学法，更重要的是它体现了教学的一种新观念，即学生是教学过程的主体，应该鼓励学生尽可能参与探索，养成"发现问题—思考—想办法解决问题"的良好思维习惯，锻炼学生独立解决问题的能力。

这种教法最难把握的是"空隙"的大小："空隙"太大、太多，学生摸不着门路；"空隙"太少，学生就没有探索的机会，这两种情况都会导致学生渐渐对这门课失去兴趣。恰到好处的留白是建立在对全班学习情况的深刻了解和不断尝试、观察、总结的基础上的。

"无为"教学法

老子古时就提出了"无为自化"的教育理念，"无为"指教的方面，并不是说无所作为，而是指教师为学生创造一个能够促进学生自由发展的宽松环境，让学生在一种接近"零"压力的状态下接受教育，而不以"万能的上帝"自居，对学生横加干涉。

这是学生最向往的教学法，虽然被许多人认为是一种理想主义的空想，"给学生宽松的空间，就是给他们吵闹、调皮的机会""越放松，越是学不到东西"，但在信息科技的教学中，"无为"教学法却有存在发展的空间。

信息科技课是一门操作性极强的课程，而在实践过程中，讨论、争论是必不可少的，因此不要过多地强调纪律，安安静静整整齐齐不是好课堂。允许学生适当的"无序"和"超越"，不要压抑孩子，对于有创新的学生更要允许和鼓励。放手让学生去想，去动手试，并对他们的思考给予评价，这样非常有利于提高学生的兴趣，许多知识动手试试会掌握得更快。

此时，教育虽然隐于无形之中，但教育又是无处不在的。课上教师要时刻关注学生，观察他们的言行，推测他们所处的状况。如果感到学生经验不够或力量不足则给予适时适当的帮助。如果发现学生开始出现不良习惯和不良倾向，要及时纠正，在初露端倪时就要杜绝。

总之，努力提高信息技术教学质量是一项复杂而艰巨的工作，这需要教师不断地学习，不断地尝试艺术与智慧结合的更高超的教学方法。

第二章

学生科学幻想思维指导

1. 科幻的定义及分类

科学幻想简称科幻，即用幻想艺术的形式，表现科学技术远景或者社会发展对人类的影响。

把科幻分为"软科幻"与"硬科幻"，是科幻界内部流传最广的一个分类法。

具有理工背景的科幻作家，通常比较注重科学根据，对科幻因素的捕述与解释也较为详尽，令读者不禁信以为真，这便是所谓硬科幻一派，而其中最硬的则非"机关布景派"莫属（请注意"硬"在此并没有"生硬"的含义）。反之，一位科幻作家若是没受过理工方面的训练，在描写科技内容时便会避重就轻，而尽量以故事情节、寓意与人物性格取胜，他们的作品自然而然属于"软科幻"。

疑问马上就出现了：难道"硬科幻"就不需要有好的故事情节、寓意与人物性格吗？如果一部被划分为"硬科幻"的作品在这几方面做得很出色，又应该算是什么呢？相反，如果一个没有受过理工方面训练的科幻作家并没有"避重就轻"，反而刻苦钻研科学知识，最终写出具有优秀科学内核的小说，难道又犯了什么禁忌吗？比如凡尔纳，就是被人们划为硬科幻作家的宗师。他只不过是一个典型的文学青年，他的自然科学知识完全是自学的。所以，上面所写的定义是不能定性的，并且还明显带着对文科知识背景作者的歧视。

在中国，早在*20*世纪七八十年代便出现了类似的分类：重视科技含量的科幻小说是"硬科幻"，重视文学技巧的科幻小说是"软科幻"。当时，它们曾被称作科幻小说中的"重科学流派"和"重文学流派"。

但笔者认为，凡此种种均经不起推敲。打个比方，一位厨师拿到一块猪肉，他可以选择红烧、爆炒、清炖等烹饪方法；或者，他可以在红烧猪肉、红烧牛肉、红烧鱼之间做选择。但他能够在"红烧"和"猪肉"之间选择吗？一个是原料，一个是烹饪方法，它们之间怎么能构成两极对立呢？科技是科幻小说的主题、题材和素材，文笔是科幻小说的技巧，这两个东西分别是小说的内容和形式，怎么能分彼此呢？

将科幻小说中的科学内容与文学形式分开，到了20世纪90年代又演变成将科幻小说中的"科学成分"与"人性成分"分开，认为主要写科学知识的作品是"硬科幻"，主要写人性的是"软科幻"。这样的定义更是危险。它的立论基础是：科学是反人性的东西，多一分科学便少一分人性，反之亦然。这种定义深入思考下去，会令人不寒而栗。因为它将把科幻，至少是所谓的"硬科幻"排除在文艺圈之外。

2．科学幻想教育的现状

当郑文光的《从火星到地球》《飞向人马座》、叶永烈的《小灵通漫游未来》、童恩正的《珊瑚岛上的死光》、金涛的《月光岛》等一批优秀科幻作品逐渐成为我们记忆中永恒的风景，我们再难从当今这个科学技术日新月异的时代找到让我们眼前一亮或者心动不已的科幻作品了。

短短一二十年的时间，科普界由三四十种科幻读物百家争鸣萎缩至《科幻世界》一枝独秀，越来越多的人被欧美等国的科幻大片带来的视觉冲击所震撼。鲁迅先生早在100多年前译完凡尔纳的《月界旅行》后就写道："导中国以行进，必自科幻小说始。"但遗憾的是，直到如今我们还没有真正意识到这一点……

20世纪80年代，中国至少有三四十种专业科幻刊物和报纸，每年有数百篇原创科普科幻作品问世。然而直至今日，几乎只有《科幻世界》一本刊物独自支撑着整个中国的科幻创作事业。与此形成鲜明对照的是，2004年美国拥有148种专发科幻小说的期刊，每年出版科幻图书2 000多册，不少科幻作品还成了销量达六位数的畅销书。

安徽评论家刘效仁认为，先有科学的幻想、科学的灵感、科学的思维，然后才有科学的创新和创造——这是为世界科学发展史所证明的一条成功路径。在上海交通大学科学史系主任、博士生导师江晓原看来，儒勒·凡尔纳幻想的80天环游地球、人类登月、大型潜水艇等在20世纪成为现实，说明幻想是有科学价值的。

学者专家的认识耐人寻味，但是国内科幻事业发展的现状却让人有着难言的酸楚，据有关专家介绍，目前国内从事科幻创作的队伍不超过百人，有些名气的也不过十来人。在老一代科幻作家中，真正能够坚持到现在的并不多。全国有上千院士，只有两院院士潘家铮一人用业余时间进行科幻创作。

2003年，"中国科幻之父"郑文光的去世在国内引发了自1999年高考作文题目之后的又一次科幻热议。遗憾的是，这依然没有形成有利于中国科幻健康成长的环境。"在力倡科技原创与自主创新民族精神的当下，这成了我们共同的悲哀。"刘效仁这样说。

一位科幻迷曾痛心地说，在西方，科幻作家的地位是很高的，是媒体追逐的偶像，是财富的象征，"美国一位科幻大师去世了，那是轰动世界的新闻"。而在中国，"中国科幻之父"郑文光去世后，大洋彼岸的美国科幻机构都发布了消息，大大小小的中国媒体却几乎悉数保持沉默。

1904年，作为西方工业革命副产品的科幻小说首次被鲁迅从国外引进。鲁迅认为，这种文学样式是改变国民劣根性的一剂良药。

20世纪80年代，科幻遭到批判，被认为是"伪科学"，科学界也指责其为"对科学的污染"。1982年，科幻小说经过姓"科"姓"文"之争，被认为姓"文"之后，中国的科普、科技类报刊和出版社视科幻小说为异端，出版管理机关多次发文，将科幻小说"扫地出门"。尽管中国的纯文学刊物因"小说"两个字"收养"了科幻小说，然而纯文学的倡导者却并不重视科幻小说。

1999年的高考作文使科幻命运渐入佳境，四川、湖南、北京等地的大学纷纷成立了科幻迷协会。据郑州轻工业学院科幻协会介绍，该协会以提高学生的综合素质、进行科学知识普及、激发创新与开拓意识、推动社会科幻文化的普及与发展为宗旨。协会通过开展各种活动来宣传科幻，使不少学生成为科幻迷。

尽管中国科幻经历了如此多舛的命运，但是王晋康等少数非专业的科幻作家还是引领着中国科幻创作向前发展。然而有专家指出，创作人才的缺乏已经影响到中国科幻事业的良性发展。

老一代科幻作家金涛先生说，科幻作品很难写，作者不仅要有很好的文学功底，还要懂得科学，最好能够站在前沿，了解科技的最新发展动态。而现在的教育方式尤其是文理分科，造成想写科幻的因为不懂科学写不了，而懂科学的又大多写不好小说，限制了科幻作家的产生。作家苏童认为，科幻小说之难，在于既要有科学功底，又要有丰富的想象力，现在一般的作家很难涉足科幻。

郑州轻工业学院张旭虹副教授认为，中国的科幻作家缺乏自由想象的灵性，相反，更多的是想象的禁锢、生存的压迫及思想的自我囚禁，不仅因为靠写科幻小说收入微薄，更因为还有许多有形无形的束缚。另外，科学普及工作做得不够，国民整体科学素养不高，也直接影响了科幻小说的繁荣。科学精神是科幻作品的灵魂，科学精神尚未扎根，是科幻无法顺利发展的根源。

让我们重温 1999 年高考作文题——《假如记忆可以移植》，这道作文题在考生和家长中引起了强烈反响。有人说，出了偏题怪题，课本里没有。科幻作家吴岩说："此次高考作文不仅仅关注了科幻，而且把'科教兴国'落实到文科系统中，让人们从语文中去关注科学。"

如果这道试题是美国的学校出给考生的，谁都不会奇怪，因为这是一道难度很低的基础科幻题。在美国，有 400 多所大学开设科幻课，无数人心中的偶像比尔·盖茨就曾在这样一所大学里求学，他也是一个超级科幻迷，是科学和幻想造就了一代巨人。而比尔·盖茨本人也承认，Windows 的不少设计源于他从前的科学幻想。

事实上，科幻不但关乎我们的想象力发展、创造能力及科学精神，更关系到中国能不能出现微软这样的世界顶级企业，关乎中国企业在信息时代的世界竞争力。国家科委原主任宋健的话不无道理："一个国家科幻小说的水平在一定程度上反映了它的科技水平。"

目前，科幻以其前瞻性、探索性和人文性带给人类预言和启迪，正指引人们在通向未来的道路上孜孜以求文明与进步，也正是这样的魅力让它在全世界拥有如此众多、不分年龄的粉丝，科幻将对我国正在大力推行的"科普教育"大有裨益。

有一位科幻迷这样说："中国科幻还很年轻，年轻就意味着活力与朝气。科幻还会回到我们中间来，因为 21 世纪是一个科学的世纪。我们期待那种'在郑文光的作品影响下，有人选择了航天事业、有人毕生致力于普及现代科学和倡导想象力'的局面再次来到我们身边。"

事实上，我国中小学生还是比较偏爱读科学幻想方面的书籍的。

据"我国城市儿童想象和幻想研究"课题组的一项调查表明，在对古代小说故事、现代小说故事、童话神话、幻想故事、科学幻想这五种类型的书籍按喜欢程度进行排序时，"科学幻想"得分最高，为3.38；其次为"童话神话"，得分为3.24；"幻想故事"以3.17的得分位居第三；"古代小说故事"和"现代小说故事"的排序均靠后，得分分别为2.47和2.21。

为研究儿童想象力发展的影响因素，课题组设计了一组有关幻想、想象类书籍阅读的调查题目。当回答"你觉得阅读幻想类书籍对你有没有好处"的问题时，28.1%的学生选择了"好处很大"；37.2%的学生选择"好处较大"；持无所谓态度的学生有17.1%；而认为"好处较小"的占10.7%；仅有2.4%的学生选择了"没好处"。

当被问及"你觉得读幻想、想象类书籍的最主要好处是什么"时，选择"启发想象"的中小学生人数最多，高达47.4%；其次为"在紧张的学习之后得到放松"和"满足自己的兴趣"，分别为14.6%、13.5%；有9.2%的学生认为读幻想类书籍可以"帮助提高学习成绩"；有4.2%的学生以此"解闷"。从本次调查的结果来看，多数中小学生认为可以从阅读幻想、想象类图书中受益，它的好处是多方面的，能满足自己的不同需要，其中在启发想象方面的好处最为学生认可。

有趣的是，认为读幻想类书籍有好处的学生，同时也表示他们的父母支持他们读幻想书籍。这说明家庭中父母的态度对子女有很大影响。

在回答"你认为现在为少年儿童出版的幻想故事和科学幻想类书籍够不够多"一题时，选择"认为不算太多"的被调查者为数最多，占31.7%，再加上还有11.9%的被调查者选择了"认为根本不多"，两者合计，有43.6%的中小学生认为这方面的出版物不足；选择"认为足够多了"的被调查者占 *12.3* %；还有 *15.1* %的人选择"认为相当多了"；其余的被调查者选择了"认为不多不少"。

本项调查的课题组由中国青少年研究中心、北京师范大学发展心理研究所和 *21* 世纪出版社等有关方面的专家联合组成。调查结果表明我国儿童希望看到更多适合自己阅读的幻想类书籍，应引起儿童文学工作者和出版者的重视。

在美国某大学的科幻课堂上，教师向新学年新学生提出的第一个问题是："一个没有幻想的民族，会有热情、希望和生机吗？"让我们把这句话也送给正在建设创新型国家的中国。哲人也说："一个缺乏科学想象力的民族是没有前途的民族。"让我们把这句话送给中国的科幻事业，不仅因为科幻能为中国科学事业的发展加上一把强劲的力量，更因为它是我们创造力的源泉。追求科学事业健康发展的中国不能没有科幻！

3．中小学教师要重视科幻阅读

科幻文学与人类的科学精神、科学理性、科学思维、科学预见、科学创造紧密联系，缺乏儿童文学和科幻文学的素养，就不是一个合格的巾小学语文教师。

对广大中小学生而言，阅读科幻文学最重要的意义，在于培养、开发他们的创造性思维。我们可以从创作思维的角度把文学分为两大类：一类是幻想型的文学，一类是联想型的文学。幻想型文学强调创造思维。创造又是什么呢？创造就是无中生有，就是创新、开拓，是在未知世界中开创出一个发展空间去实现人类的愿望、理想。这种类型的文学，需要用无边的幻想去点燃人们的审美激情。幻想型文学的核心文体就是科幻文学。因此，阅读科幻文学是提升人的创造思维能力的重要途径。而联想型文学，主要强调现实性，通过捕写、反映、解剖现实，表现作家对现实人世的思考与评判。这种文学是制造性文学，所谓制造即是对已有的东西进行再加工，是通过作家对现实人世的提炼、加工、概括，使之更集中、更具典型性。

科幻文学不论是什么题材、内容，都是与人类的科学精神、科学理性、科学思维、科学预见、科学创造等紧密联系在一起的。因此，阅读科幻文学对培养青少年的科学精神，帮助他们建立科学的发展观具有重要作用。毕竟，科学同时也是双刃剑，如果缺乏人文精神，科学会对人类造成灾难性后果。在科幻文学中不乏作家对人类人文精神和科学精神的双重理解与思考，有的甚至具有深刻的批判意识，反思科学究竟给人类带来了什么，是福音还是祸害？阅读这一类科幻作品可以帮助青少年建立起正确的、全面的科学发展观与人文关怀、人文精神。

我们未来的世界与科学的联系将会越来越密切。青少年代表着未来，在这种情况下，青少年如何从文学作品中接近、了解、认识、把握科学是一件非常重要的事情。作为青少年，要是对科幻文学一无所知，恐怕对他们整体素质的养成不是一件好事。也可以说，今天的青少年，要建立起健全的精神素质，就应该有很好的科幻文学素养。

而且，现今的很多科幻文学作品是与人类面临的危机联系在一起的，如能源危机、生态危机、环境危机等，通过阅读科幻文学能使青少年建立起善待地球、善待环境的正确理念。对维护我们的地球家园而言，青少年的科幻文学素养是不可或缺的。

那么，哪些科幻作品适合青少年阅读呢？

科幻文学在中国已经有百余年历史了。早在 *1903* 年、*1906* 年，鲁迅就已经翻译了法国科幻文学大师凡尔纳的作品《月界旅行》《地底旅行》。作为新文化运动的先驱，鲁迅一再强调阅读科幻文学、创作科幻文学的重要性。他认为科幻文学具有改良思想，补助文明的特殊意义，并身体力行，写下了多篇倡导科幻文学的文章。我国科幻文学在 20 世纪初曾出现过一个翻译的热潮，以凡尔纳为代表的一批西方科幻作家作品就是在这一时期被翻译、引进的。

20 世纪 30 年代是我国科幻文学发展的又一重要阶段。在抗战救国的背景下，文学界、教育界力倡"科学救国"，出现了新一轮科幻文学翻译与创作的高潮。这一时期的重要译作有法国作家法布尔的《昆虫记》《科学的故事》、苏联作家伊林的《十万个为什么》等。

从总体上说，进入 20 世纪八九十年代，尤其是 90 年代后期，我国科幻文学在创作、理论批评等方面都出现了上升的势头。郑文光、刘兴诗、叶永烈、童恩正、金涛等是代表性人物，叶永烈的《小灵通漫游未来》是非常优秀的科幻作品。20 世纪 90 年代后期涌现出了一批科幻文学的年轻生力军，他们主要集中在北京地区，如韩松、吴岩、刘慈欣、王晋康、星河、赵海虹等，他们是非常有影响的科幻新秀。他们的创作在对科幻文学的理解、科幻文学的精神、科幻文学创作的题材、内容、手法等方面都具有直接与国际接轨的特点。20 世纪 90 年代后期以来，科幻文学的出版非常红火。一些少年儿童出版社还把出版科幻文学作为他们的主打品牌，有力地促进了科幻文学市场的繁荣。

近年来，我国在科幻文学理论建设、研究生培养方面也取得了突破。例如，北京师范大学文学院从 2003 年起已经在国内连续招收了两届科幻文学的硕士研究生，2004 年，又成功申报了国家社会科学研究基金项目"科幻文学理论研究与学科体系建设"，这对促进科幻文学的理论建设是有重要意义的。进入 21 世纪，我国大的人文背景十分有利于科幻文学的发展，尤其是科教兴国战略与科学发展观的理念，为未来科幻文学发展指明了方向，我们完全可以预见，科幻文学在创作、研究、出版等方面都必将呈现上升的势头。

同时，现代网络的发展也推动了科幻文学的复兴。借助网络，科幻文学创作、发表、传播、批评、对话等方面都变得非常方便快捷。科幻文学的读者主要是青少年，他们同时又是网民的主流，因此通过网络，科幻文学将产生更为广泛、直接的影响。

为了培养青少年的科幻阅读意识，中小学教师应该做以下努力。

我们的教师尤其是语文教师本身应有很好的文学素养。在今天的背景下，特别需要提升两类文学素养：一类是儿童文学的素养，另一类就是科幻文学的素养。缺乏这两方面的素养，就不是一个合格的中小学语文教师。因为缺乏这两种素养，他们将没有能力去帮助学生解读课本中大量的、优秀的儿童文学与科幻文学作品。所以，很重要的一点是，他们要补上儿童文学和科幻文学的课，要从阅读作品和提高基础理论两个方面去提高这两方面的修养。

中外科幻文学的经典名著很多，青少年阅读应注重不同的年龄阶段，教师、出版社都有责任帮他们挑选内容合适的作品。一般来说，我国专业的少年儿童出版社出版的科幻作品，都比较关注少年儿童的阅读心理、接受能力，在文字深浅等方面都有相应的处理，因而比较适合中小学生阅读。

对于高中以上的读者，需要强调的是，他们的阅读兴趣、接受能力已经有很大程度的提高，具备了自主选择的能力，应该更多地关注科幻经典原著，关注大师的作品，不宜再去读缩写、改编的东西。

当前的教育大环境或许并不利于在学校推动科幻文学的课外阅读，但笔者认为，我国还是有必要建立起这个意识，这对我国的教育改革来说是有益的。

4．作文课上的科幻教育

宋健同志指出："科幻是培养一个民族科学精神的摇篮。"在变应试教育为素质教育的今天，素质中最重要的是创新能力。看科幻、听科幻、读科幻、写科幻是一条培养少年儿童创新能力的崭新有效的教育途径，有利于全面提高中小学生的科幻写作素养。*1999* 年高考作文的冲击波犹如原子弹爆炸，震惊全国，创新给"应试教育"敲响了警钟。目前，国内虽已有少数中学开展了校园科幻作文的研究，但在有些学校里，科幻作文的研究还是空白，可以说是"无科幻"状态。针对此现状，进行中小学科幻作文的研究具有时代前沿性，符合当前教育发展的需求，是一种全新的教育思想。其真正的价值在于它能让中小学生淋漓尽致地发挥丰富的想象力，在它无穷无尽时空的想象区域中挣脱我们民族向来因循守旧、固保传统这个最大的羁绊，这是最难能可贵的。因而写科幻作文对全面提高中小学生的科学素质和写作素养具有深远的现实意义。

科幻作文的特征

（1）故事的趣味性。中小学科幻作文首先具有趣味性。让几千万中小学生人人爱科幻、读科幻、写科幻，并把那些沉湎于游戏机中的孩子拉回来，在生动紧张、妙趣横生的虚构的情节中扩展胸襟、增长知识、识别善恶、热爱科学。

（2）内容的科学性。科幻的真正贡献在于它能通过动人的故事，让读者贴近未来，因而内容的科学性又是其重要的特征。让中小学生在具体生动的故事中潜移默化地受到新科技的影响，同时借助于故事中的主人公，让读者意识到现代化进程中科学的发展和无限多样的可能性的存在。

（3）环境的特殊性。由于科幻本身的高瞻远瞩，再加上科技的迅猛发展给人们带来了巨大的影响，因而中小学生科幻作文中的环境描写具有特殊性。一是以其所在的学校社会为背景；二是并非局限于地球，而是以广阔的宇宙空间为背景。

（4）时空的未来性。学生中的不少科幻作文跨越了数十年的时空，具有未来前瞻性，给予人们警示，向人们勾画未来的蓝图，读者能够毫不费力地领悟。例如，一个学生写的《太空学校》，主人公在月亮上荡秋千，在星际空间捉迷藏，在银河系、河外星系旅游……广阔的时空，无限的遐想，可以说是淋漓尽致地发挥了中小学生的想象力。

科幻作文对学生来说是既陌生又神秘，因为他们从来没有写过这类作文，甚至接触这类科幻故事也不多，所以必须要首先解决中小学生怕写作文的心理障碍，要让他们从活生生的科幻故事中引发写作的动机和兴趣。

科幻作文的实施

（1）视听结合、讲读交互、创设氛围。科学幻想一般以故事的形式向学生展示貌似真实却又并不存在的新兴科技，置新观念、新思路于公众之中，激发学生的想象力，使他们投身于丰富的遐想。视听结合、读写交互乃是其主要的实施途径。

观看科幻影视片。选择适合学生观看的影视片，定时、定期给学生播放，以创设良好的科幻氛围，激发学生自己写科幻作文的兴趣。学校可通过各种渠道收集《昆虫总动员》《星球大战》《超人》等世界经典科幻影视片，利用双休日、假期开放学校影视厅，组织学生观看。通过一段时间的播放，学生的科幻情感会被激发出来。

读讲科幻故事。先让学生广泛收集科幻故事，尽可能地开放学校图书馆，建立班级科幻图书角，让学生有充分接触科幻故事的环境。在学生对科幻有一定的了解和感性认识后，再让学生阅读科幻故事，一星期抽一节课时间作为科幻作文课，采用演讲、故事会、绘画等形式让学生欣赏优秀的科幻作品，促使学生对它有一个比较深刻的理解，通过讲读交互进行，逐渐培养学生想创作的欲望。

（2）方法指导、科幻创作。学生有了一定的认识后，教师要给予必要的写作方法的指导，然后鼓励学生创作。

范文赏析。教师可以列举一些典型的优秀科幻故事，如《闪电摩托》一文的情节安排的特点，知识的科学性，想象的奇特性，表现手法的多样性，从中初步掌握科幻作文的创作方法。等学生有了一定的创作欲望，掌握了一定的方法之后，要不失时机地引导学生自己动手写一写科幻作文，编一编科幻故事。

从"校园科技畅想"入手。学生对科幻作文的创作是首次接触，存在一定的难度，因而教师要经常给予鼓励、指导。学生对校园生活比较熟悉，具体创作时，可以从"21世纪校园科技畅想"入手，让学生展开想象的翅膀，尽情地自由发挥。

（3）组织比赛，全面提高。通过以上视听结合、读写交互的训练，学生的创作劲头会更足。这时，教师应及时地组织学生参加学校"校园科幻作文"大赛活动。比赛分年段进行、全员参与，目的是全面提高学生的科幻写作素养。

科幻作文的启迪

（1）写科幻作文的目的不光是普及科学知识，更重要的是在中小学生写作的同时，发展自身丰富的想象力，同时又获得一些科学知识。

（2）科幻作文能引起中小学生的好奇心，激发学生的求知欲，成为科学的启蒙手段。科幻作文的作用在于对中小学生进行科学的"启蒙"与"启迪"。因而有别于一般的科普读物，应把它看作科学的启蒙手段。

（3）少年儿童喜欢读科幻，确实是一个事实。中小学生只有在读了许多有益的科幻故事后，在学会新的思维方式、思考方式之后，才有可能写出高水平的科幻作文。通过这一系列科幻作文的实践研究，学生的想象力确实会更加丰富，其他各学科中的创新能力也会相对增强，思维也会变得特别活跃，创新能力也会特别强。

5. 美术课中的科幻教育

创新是一个民族的灵魂，是国家兴旺发达的不竭动力，教育活动能否培养出具有创新精神和创新能力的人才，不仅关系到个体能否生存和发展，而且关系到国家和民族能否屹立于世界民族之林，能否肩负起实现中华民族伟大复兴的历史使命。美术教育被公认为培养创造力和最具成效的学科之一，是培养学生创造意识和创造能力的良好渠道和途径。

"幻想是创造力的源泉之一，人类没有幻想就不可能有社会文明的进步。"少年儿童科学幻想绘画，简称"学生科幻画"。它是学生在自己已有生活经验的基础上，通过科学的想象，应用绘画的表现形式，表达自己对世间万物、未来社会发展的遐想。美术教师指导学生科幻画应从以下三个方面入手。

欣赏作品，激发兴趣

欣赏科幻画作品的目的是让学生了解科幻内涵并激发学生的学

习兴趣。在教学中，教师首先要注意搜集一些优秀的科幻画作品。这些作品可以是图片，也可以是学生创作的原件，作品的来源可以从网上下载，也可以是本校以往学生创作的作品。

其次，教师要将平时搜集到的科幻画作品进行直观展示，让学生欣赏、质疑。教师同时做适当的讲解，让学生了解科幻画的内涵。例如，2008年夏天，有位学生从电视的报道中，了解到我国沿海各地因遭受暴风雨的袭击，许多房子被无情的洪水冲倒，她想，如果能建造出一种"能升降的房子"那该多好啊！在这种思想主导下，她画了一幅《能升降的房子》，从画面上，可以清楚地看到有一根粗大的弹簧，弹簧下面是三个呈三角形形状的轮式柱子和汹涌的洪水。弹簧上面画的是安然无恙的普通住房……接着，教师可以引导学生质疑，有的问道："这种房子是怎样建成的？"有的问道："这房子为什么能够升降？"……最后得出结论：因为这种房子是应用了弹簧能伸缩的科学原理建成的，是一种具有高科技含量的房子，所以它能升降而不会被洪水冲倒，这也是科幻画与神话、童话的本质区别。这样，学生就明白了科幻画创作原来是这么一回事，从而消除了学生心中科幻画创作的神秘感。

最后，教师要激发学生的学习兴趣。除让学生欣赏大量不同题材的、不同表现形式的科幻画作品外，教师还应采取以下三种方式来激发学生学习科幻画的兴趣：一是给学生讲述国内外学生科幻画现在已变成现实的故事，如上海的杨浦、南浦大桥就是桥梁专家看了学生的科幻画作品后设计出来的故事，包括我国在内的多个国家已经把同学们喜欢捕绘的火星、金星探测器成功地发射到太空的故事，等等；二是开展"我是未来设计师、未来的……"等一系列主题讨论活动来激发学生的学习兴趣；三是带领学生参观科技馆，观看科技小制作、小发明的影像资料或实物展览等。

走进生活，选定主题

目前，学生的科幻画作品主题内容雷同现象较为严重，其中最多的就是未来太空和海底探险，好像科幻画除了画太空和海底，就没有其他题材了。针对这种情况，教师要带领学生走进生活，引导他们对自然、社会现象进行深入观察，了解生活中的科技知识，以此来丰富和革新科幻画内容就显得尤为重要。

孩子的想象通常建立在他生活经验的基础上。在教学中，教师要引导学生走进生活，从自己身边的事物开始观察，鼓励他们采用"更现代化""更理想"的标准去大胆质疑。如：

（1）在生活中，你认为哪些产品不够"现代化"？哪些地方可以再改进？

（2）你知道有哪些问题人类目前无法解决？

（3）未来有哪些自然灾害可以避免或能将其变害为利？

……

学生在观察、体验生活过程中将会发现许多问题，可归纳为：环保问题、能源问题、自然灾害问题、医疗保健问题、生命问题、海洋问题、宇宙空间问题等。每个问题都可逐级再分成许多小问题，科幻画的主题内容也就在学生的一个个"胡思乱想"的问题中产生了。

在广泛的科幻画主题中，教师要有意识地指导学生根据自己的实际来选定科幻画主题。例如，某同学看见爸爸换煤气，就想到要是有一种灶具可长期使用就能给人们生活带来方便，同时她又想到电视和报纸上常常报道煤气中毒事件，要是有一种燃料对人体无害不是更好，于是她设计了一种灶具可吸收空气中的氢气（H_2）作为燃料、燃烧可生成水（H_2O）不污染空气，又可合理利用能源的《未来灶具》。当然，在指导选题的过程中，教师更应尊重学生的选择，也许教师不经意的一句话就可能影响学生的一生。

讨论方案，解决表现

教师在学生选定主题后，应安排讨论交流这个环节，这时，学生大脑会高度亢奋，畅所欲言，解决问题的好办法会层出不穷。例如，有位同学原来选定的主题是"废气回收站"，原想是让这个"回收站"把大气层中的"废气"（有害气体）回收后进行贮存，从而达到净化空气的目的。但是，在讨论交流的过程中，有的说："世界上每天排出那么多'废气'，收集时间一长，'回收站'万一容纳不了，怎么办？'回收站'存贮那么多的'废气'，如果发生泄漏，后果岂不是更可怕？"有的说："如果能将'废气'经'处理'后转变成'新鲜空气'，那该有多好啊！"……同学们纷纷发表自己的看法，最后一致认为：在回收"废气"的同时，将"废气"进行"处理"转变成"新鲜空气"后排出，转换过程中产生的"能量"用来发电，造福人类。于是，这位同学创作了《废气收集处理中心》，获得了同学们的好评。

创造使一个人充满智慧，创造使一个国家充满希望。在美术课堂教学中，知识应该激活、唤醒和培养学生的创新精神与创新能力，使学生成为创造性思维的人。引导学生学会自己塑造自己，启发自主意识的觉醒，不限制他们的才能。

对于采取哪一种画种来进行表现，则可根据学生的年龄、爱好和特长而定，不管是中国画、油画、水粉画、水彩画，还是素描、版画、剪贴画、蜡笔画等，任何画种都可以成为科幻画的表现形式。

6. 激发学生科幻画思维的方法

科幻画是众多艺术领域中的一种独特的绘画表现形式，科幻画创作有别于其他绘画形式的创作，它兼具一定的科学性与艺术性。科学幻想画作为科学艺术星空中的璀璨新星，博得了广大少年儿童的喜爱，越来越多的人对科幻画的创作产生极大的兴趣，科幻画已成为当今少年儿童乐于介入的一项有益的科普教育活动。这一活动对于培养少年儿童的科学想象力和创造意识，使他们从小就尝试手脑并用及倡导科技与艺术的融会贯通，具有非常重要的作用，同时对于培养少年儿童热爱科学、接触科学、探索科学，提升立异能力，以及运用科学知识，徜徉想象，敢于实践，促进综合素质的提高，也具有十分重要的教育意义。所以，作为美术老师，首先要注意科学发展新动向，通过欣赏各种进步先辈的科学知识绘画作品，才能指导学生认识科学幻想画；通过细心观察生活，激发创作灵感，启发大胆想象、确立创意主题，最终使学生在科学幻想画的创作、主题和形式上有个全新的"变脸"，这是美术老师担负的教育重责所在。

联系生活，启发想象

生活日新月异，时代不停进步，在人类历史上有许多美丽的神话故事已变成现实；从"嫦娥奔月"到宇宙飞船，从器官移植到人类克隆技术，无不奇思妙想，都在一一实现。科学幻想画是指以科学为根基的想象，科学与想象两个因素缺一不可，没有科学依据的幻想只能称为魔幻、空想，因此科学幻想画所展示的作品，必须是富有时代理念，具有一定前瞻性、科学性和技术内容含量的幻想作品，它是运用科学的知识和科学规律去想象，把不可能变为可能，将今日的幻想变成明天的现实。所以，当今的科学幻想绘画是少年儿童在已掌握的知识和经验的基础上，通过科学的想象，运用绘画语言创造性地表达出对宇宙万物，对将来人类社会生活、社会发展、科学技术的遐想而产生的绘画作品，它是一种真实反映孩子童心的艺术表现。

科学幻想画所表达的科学内容是没有局限的，天文、物理、生物、化学、机械、电子、遗传、生产、社会等方面都是少年儿童构思、创作的主题。这就给教师提出了一个新问题，即教师必须具备一定的科学素养。如果教师缺乏这方面的素养，就不可能辅导学生创作出具有前瞻性的科幻画作品。所以，教师必须清楚地认识到，本身平常一定要加强学习，关注科技带来的新成果，注意观察和收集身边的新鲜事物、新信息，对科技前沿要有尽可能多的了解。

同时，通过生活中的身边小事引发学生的科学幻想，指导学生把日常平凡学习生活中遇到的"不顺手""不合理""不便利"的一些事物，通过本身的设计、想象，将它们变成"顺手""合理""便利"的新事物，并用绘画的手法把它表现出来。例如，《我拿光盘上课去》《神奇的伞》《不怕地动的弹簧房》等作品，就是将丰富的科学想象力同颇具个性的绘画有机结合的少年儿童科学幻想画作品。这些科幻画作品构想都源于生活，具有一定的实际意义。

思维碰撞，激发灵感

凭空想象、闭门造车是创造不了优秀作品的。在科幻画创作过程当中要经常组织学生进行广泛的交流，使学生在"你听我说、你说我听"的过程当中思维获得互相启发、相互碰撞，在不经意中挖掘科幻画的创作素材，好的创意的产生和相互交流能使学生思维变得开阔，也能激发和促进创造性思维的开拓。

在讨论交流中可以相互增补、相互激励，使沉睡的思维被叫醒。同时，通过各种意见的交锋，可以帮助学生摆脱已经形成的习惯性思维，促进学生畅所欲言，激发灵感思维。

诚然，创造性思维便会在一种无拘无束的氛围中获得充分释放。例如，在指导《音乐刷牙》创作过程当中，启发学生想象，倘使刷牙是一件快乐的事情，会有什么变化呢？教师通过分小组的形式让学生进行交流，学生的思维获得激发，你一言，我一语，在交流的过程中，学生打开了话匣子，有的说，如果泡泡是彩色的那多美丽；有的说，刷牙时牙刷能根据快慢拍发出优美的音乐那就更好了。学生大胆而丰富想象，教师因势利导，将碰撞出美丽的灵感火花，创作出极具个性的科幻画作品。

标新立异，大胆想象

黑格尔说："最杰出的艺术本领就是想象。"爱因斯坦强调说："想象力比知识更重要……"孩子喜欢想象，因为他们的生活本身就充满想象。

鲁迅先生在《看图认识文字》一文中就曾经热情地嘉赞儿童的想象，他说："孩子是可以敬服的，他常常想到星月以上的境界，想到地面下的情形，想到花卉的用处，想到昆虫的语言；他想飞上天际，他想潜入蚁穴……"可见，想象是对培养孩子们在生活中进行奇思妙想的最好"良药"，可以让他们在纯真的心灵里大胆地无拘无束地表露本身的情感。其实，这也是一种智慧聪颖的表现。

没有想象就没有艺术，创造一幅好的科学幻想画作品，首先要有丰富的想象力，要贴近学生实际，与学生的生活经验紧密相连，遂能引起学生的共鸣，激发学生开拓艺术创造的愿望。在《将来交通工具》的创作中，教师可以首先指导学生从日常交通工具入手，让学生说说本身熟悉的、喜欢的交通工具，再说说它们有哪些不足，希望在哪些地方获得改进。

接着让学生说说理想的交通工具应该是怎样的，有哪些功能，可以到达哪些地方，形状会是怎样的……通过在交流中产生各种境界，激发学生将想象的触角伸到各个领域，鼓励学生展开想象的翅膀，大胆想象，大胆表现，要标新立异。

通过不停的指导，在学生的习作里，使人惊喜地看到他们的奇思妙想和丰富的创造力。

依据问题，确定主题

爱因斯坦说过："提出一个问题比解决一个问题更重要。"懂得思考，学会提出质疑、研究问题是立异之源。在教学中，培养学生的立异意识就要让学生敢于提问、存疑，使学生在认知上感到困惑，产生认知冲突，引起定向探究性反射，有了这类反射或质疑，思维也就应运而生。对于孩子们提出的问题，作为教师要与他们一起讨论与交流，耐心启发他们进行正确的科学思考，逐步归纳出明确的创作导向，确定创作的主题，让学生懂得主题的确定应该具有科学性，主题应该立足于生活，表现内容要符合生活实际，因为科技源于生活，主题应该具有一定的科学依据，能够运用到正确的科学原理，不要有盲目信仰崇拜的内容和唯心的内容，要让他们懂得，他们提出的想法或许可以通过技术与科学的发展在将来实现。

教师应指导学生选择具有新颖性的题材和主题，孩子们的创意不应受时间和空间的限定和真实生活的约束，要充分展开想象的翅膀去探索未知的领域：幻想对下世纪科学技术的描述；幻想对将来人类社会及相互瓜葛的描述；幻想对未知的宇宙万物、人与环境及相互瓜葛的描述；幻想对将来立异产品设想的描述。让孩子们观察了解身边的校园、家庭，深入思考，有什么不尽如人意的地方，哪儿比较不便利，有什么需要改进的……教给他们观察事物的方法，运用审美观察法和整体观察法，从而发现问题。

孩子们在观察过程当中自然能发现很多问题，如校园垃圾怎样来处理，人口的增长与能源、交通、住房之间的矛盾，沙尘暴的风险与消除，废旧电池的合理回收，对森林的乱砍滥伐，环境污染处理与再生，能源的合理开发与利用，等等。通过提出问题、思考问题、解决问题一系列教学活动，鼓励孩子们对生活进行观察与思考，在生活中去寻找，激发孩子们对将来世界的想象，开启学生科学幻想的思维大门，让每个学生都展开想象的翅膀，在艺术的天际自由翱翔。

依据题材，选择技法

科幻画涉及的知识面比较广，除了有科技方面的知识，更多的是有关美术方面的内容，准确的画面表现是展示立异思想的舞台。

科幻画的表现技法是为表现科幻的主题而服务的，因而应科学性与艺术性并重。科幻画的艺术表现形式非常多，如油画、国画、水彩画、水粉画、钢笔画、铅笔画、油画棒、水彩笔、版画、粘贴画、电脑绘画、刮蜡画等，也可以根据追求的绘画效果进行混合运用。

教师要研究新材料、新工艺，大胆地对新材料和新工艺进行尝试。对一些展览中或报刊中的新作品，还可以开设专题的欣赏课，让孩子们了解新材料和新工艺带给科幻画的新效果。

学生在创作科幻画时要依据题材内容，选择不同的表现形式和技法，有针对性地进行画面结构安排，通过对技法的合理运用，使画面形式与题材内容都做到尽量美观突出，所描绘的科学技术应处在最突出、最鲜明的位置，要具有一定的视觉美感。

因此，在详细的辅导中应首先重视表现主题。要准确鲜明，加强表现技法的指导，从画面的构图、造型、涂色等进行指导；也可根据学生的审美特点、创作的题材、绘画材料来选择各种表现技法进行指导。

所以，教师在学生进行科幻画创作时，可明确地告诫学生只要画面有需要，各种综合材料都可以灵活运用，什么表现方法都可以应用于创作之中。学生只有敢于运用多种表现手法来表现事物，才能创作出画面效果好且丰富多彩的科幻画作品。

科幻画是超越语言、结合智力与情感的创作，是开启少年儿童畅想将来，创造新生活的金钥匙，在当今社会，作为美术教师，在指导学生进行科幻画创作中，要加强学生立异能力的培养，尝试手脑并用，培养学生的创造性思维，让每个学生在学习知识的同时，插上科学想象的翅膀，激发其创作的灵感，拓展其丰富的想象力，在倡导科学和艺术的融合上，创作出更多精彩的、极富个性的且具有立异意识的科幻画作品。

第三章

学生科学兴趣培养指导

1. 学生科学兴趣的培养

20 世纪以来，科学技术进入了有史以来发展最快的历史时期。在以相对论、量子论、DNA 双螺旋结构和板块学说的提出为标志的科学革命的推动下，科学理论无论在深度和广度上均得到迅猛的发展。信息技术、现代生物技术、新材料技术、新能源技术、航天技术等迅速地改变着世界的面貌，推动着社会的进步。另一方面，在科学技术与社会发展的同时，也产生了生态环境恶化、资源枯竭等一系列负面的问题，严重阻碍了社会的可持续发展。这些都对教育提出了严峻的挑战。在这样的时代背景下，笔者认为在科学课程标准中提出的核心理念"全面提高每一位学生的科学素养"是非常正确，非常必要的。

在整个自然科学教学过程中，初中科学教学是青少年进入科学知识宝库的钥匙，是培养学生学习科学兴趣的大好时光，是初步学会观察事物、分析问题并解决问题的关键。学生对科学的兴趣是学习科学最直接和持久的内部动力，对学生的今后发展至关重要。就初中学生的心理和生理特点而言，他们有着强烈的求知欲望，对各种新鲜事物好学、好问，富于幻想。但他们这种学习积极性往往与短暂的"直接兴趣"挂钩，遇到较为抽象理性的科学知识时，这些小困难便很快地使他们失去了学习积极性，最后导致初中科学教学的失败。因此如何启发并稳固学生的学习兴趣，充分调动其学习积极性是每一个初中科学教师在教学过程巾所面临的一种挑战。

从初中科学教学这一角度来说，实验教学、教师的教学水平、教师的语言、教材的内容设置无疑是很重要的因素，它们对学生学习科学的兴趣有着重要的作用。下面就来谈谈在新的科学教育改革中如何培养学生的学习兴趣。

充分发挥科学实验在科学教学中的作用

实验是科学研究的重要方法。科学实验是实验者根据研究目的，运用一定的物质手段（实验仪器、设备等），主动干预或控制研究对象，在典型环境中或特殊情况下所进行的一种探索活动。科学是一门以实验为基础的学科，通过实验既能使学生深刻理解自然界中各种现象的规律或定律，又能培养学生掌握一定的实验操作技能。这些实验技能，既是他们进一步学习现代科学技术、进行科学实验和技术革新的重要基础，也是提高素质教育的一种手段。

实际教学中存在一个问题，即学生作为实验主体，不能充分发挥主观能动性。教师往往注重教给学生实验方法，满足于观察到实验结果，而忽视了学生实验能力的培养，这是科学实验教学中的一个误区。再者，实验中器材不足也是一个普遍存在的问题，很多学校在分组实验中都采用多人一组，很少能让每个学生自行完成整个操作过程，学生缺少自行使用的时间和空间，这些都不利于培养学生的主观性、创造性和实验操作能力。那么在教学中怎样才能充分发挥科学实验的重要作用？

（1）开足、做够实验。

近年来，由于广大教师更加深刻地认识到实验教学的基础地位和重要作用，随着教学改革的深入进行，科学课的实验比例会增大，实验形式也会不断翻新，学校现有的实验仪器可能跟不上需求，特别是众多的农村中学由于资金不足，仪器本来就不够用、不够新，就发扬"坛坛罐罐当仪器，拼拼凑凑做实验"的精神，因地制宜或因陋就简甚至寻找替代性实验。除尽量开足课本要求的演示实验、分组实验外，还应开动脑筋设计增加演示实验，尽量把演示实验、实验习题等作为随堂实验进行探究。这样能够在一定程度上发挥学生的主体地位，帮助学生理解概念、规律，培养观察和实验的能力，树立实事求是的科学态度，增加科学课的浓郁趣味，使学生能够真正喜欢上科学课。

（2）该放手时就放手，相信他们能做得更好。

以往，有些教师在做实验前，为了节省时间，经常先详细地向学生讲解实验的过程，再让学生照着做，这样的实验结果并不是学生自己探索得到的。又如，为了实验方便，教师将所有的实验用具和物品都准备齐全，然后才让学生按照书本上的步骤进行操作，例如讲到蚯蚓时，教师把蚯蚓放在盒里让学生观察，这样学生根本不能了解蚯蚓的生活环境和生活习性，对蚯蚓的认识就会受到局限。教师应该带学生到校园去亲自捉蚯蚓或让他们在课外自己捉蚯蚓、饲养蚯蚓，让学生亲自体会蚯蚓的生活环境，让他们总结如何才能捉到更多的蚯蚓，如何才能让蚯蚓活得更久。这样学生做起实验来就更有兴趣，对实验的理解更透彻，使学生在观察中获得丰富的知识，增强动手能力，激发对大自然的美好情感。

教师的教学影响中学生学习科学的兴趣

教学是创造性的活动，教学活动中教师和学生的关系是平等的。教师应营造这样一种环境：教师和学生一起以科学探究的精神，积极主动地探索、认识自然界。教学中应突出学生的主体地位，创设"人人参与"的课堂气氛，活跃学生的思维，使学生有话可说，从而启迪学生的创新思维，开发智能。创新意识的培养不仅和智力有关，还和人的个性特征有关。作为独立个体的学生而言，他们的思维特点和认识水平都有很大的差异，在教学过程中把学生绑成一团，齐头并进，这是不科学的教育观点。特别是对天真活泼、好奇敏感的初中生，教师应当语言风趣、讲解生动，使学生愿意听并能引起高度注意，能够让他们在较为轻松的环境中接受知识、增加技能。

（1）精心设问，制造学习上的悬念，引发学习兴趣。

动机是个体发动和维持其行动的一种心理状态，这种心理激发得越强烈，就越能使学生对学习活动表现出浓厚的兴趣、积极的态度和高度集中的注意力，从而最大限度地发挥个人的智能潜力。不言而喻，教师精确的设问，不断地制造悬念，能使学生处于情绪高涨、智力振奋的内部状态，从而有效地提高学生思辨的能力。例如，科学教材七年级上册中有关时区和日界线的知识原本是高二地理知识，对初一学生而言比较抽象，很难理解。可以这样制造悬念：小明生日是6月9日，他想在一年内连续过两个生日，你觉得他该如何去实现呢？学生会积极替他想办法，同时渴望得到明确的答复，教师这时再来讲授日界线的内容，教学效果必会大大提高。

（2）联系生活和生产实际，体会科学知识的应用。

在科学教学中，如果注意结合学生熟悉的生活、生产实际，提出与教学有关的问题让学生去思考，往往能激起学生的兴趣。例如，讲"水的三态变化"时可以提出这些问题：当你从游泳池里上来，如果没有用毛巾擦干身上的水，你会有什么感觉？水烧开了，如果继续烧，温度会上升吗？水煮沸后，有大量的水蒸气从壶嘴冒出，这些"白气"是水蒸气吗？带着这些问题去学习，学生必然会产生兴趣，从而达到提高课堂效率的作用。而课后又是课堂的延伸，结合科学教学的内容，根据学生的年龄特点与心理特征，开展丰富的课外活动、小实验、小制作，这也是发展兴趣的好形式。

（3）充分运用多媒体辅助教学系统。

利用文字、图形、声音、动画和视像等多种技术组合而成的信息系统称为多媒体系统。在中学科学教学中，讲授一些抽象的概念、瞬间发生的自然现象以及复杂的物体内部结构时，由于受时间、空间等条件的限制，单纯依靠语言、仪器、教具等传统媒体都难以实现教学目的。多媒体辅助教学将视觉和听觉等同时作用于人的感官，能提高课堂教学的效率，有效地影响学生的学习态度和情感变化，使学生受到潜移默化的影响和美的熏陶。例如，星空现象的观察，流星的形成，月相变化以及日食月食的形成，火山地震的爆发，竹节虫在竹节上、尺蠖在树枝上的拟态等知识，利用电脑制成课件，让学生能够直接观察到。这些生动有趣的自然现象吸引了学生们的注意，使其学习兴趣大增，从而在兴趣和娱乐中培养了学生的观察能力、思维能力和总结概括能力。如果教师不去找素材（录像），光是按照课文干巴巴地给学生讲一遍，学生一点兴趣也没有，那效果远远不如看录像的好，录像内容动态感很强，既生动直观，又形象易理解，同时也便于学生掌握和记忆。多媒体辅助教学是现代教育发展的趋势，它有利于认知水平的提高，有利于能力的培养和素质教育的开展。

（4）把握学生心理动态及时给予鼓励。

兴趣是一种伴随着注意而引起的从事学习的积极倾向和感情状态，是发展智能、激发学生主动学习的催化剂。兴趣是带有情绪色彩的认识倾向，在科学学习中，如果学生获得成功，就会产生愉快的情绪，若反复多次，学习和愉快的情绪则会建立固定的联系，也就会形成越学越有兴趣，越有兴趣就越想学的良性循环，在实际教学当中要时时刻刻抓住学生的成功处给予适时鼓励，如巧妙地运用语言激励，对一般学生可用"书写认真""解法巧妙""见解独到"，对已获成功的基础较好的学生可进一步用言语刺激"你还有其他方法吗？""你还有更巧的方法吗？"这样可使兴趣持久。

科学教材内容设置的趣味性

面对现今科学教育改革的必然，如何选择初中科学教材并能十分有效地组织表达出来，这的确是个需要认真研究的问题。现行的初中科学教材比较符合青少年认知特点，也取得了良好的教学效果。任何事物都在发展，都需要不断地完善，现行初中科学教材也是如此。应该进一步使初中科学教材更符合青少年的心理与生理特点，更显示出科学可行、自然有趣的特点来，让每一位初中科学教师能够在教学过程中事半功倍。为此，笔者认为现行科学教材要面向全体学生，降低难度并在趣味性上更富有特点。

总之，在教学活动中，学生是学习的主体，科学教学必须从学生的实际出发，激发他们的学习兴趣。激发学生的学习兴趣，就是要把教学大纲对学生学习学科知识的要求，转变为学生求知的欲望。教师要根据中学生思维活跃、情感丰富、求知欲强的特点，运用恰当的教学技术方法，充分调动学生思维的主动性和积极性，从而提高科学教学的效果。

2. 教师对学生的科学指导

教育学家孔子说过：知之者不如好知者，好知者不如乐之者。可见培养学生的科学兴趣是学生学习科学的重要手段，兴趣是一种求知欲，是学生探究知识的动力，能够激起学生的积极性和主动性。学生一旦唤起求知欲，所有问题便会迎刃而解，从而大大提高了科学教学的质量，那么如何激发学生探究科学的兴趣，启迪学生智慧的思维，激起学生创新的浪花呢？

巧用语言，以"乐"激趣

科学这门学科概念多、知识抽象甚至较晦涩，学生常常会感到枯燥乏味，记忆困难。教师若照本宣科，学生觉得难学就开始厌学。那么如何让学生由厌学到好学呢？幽默是一种良好的教学方法。教育家斯维特洛夫说过：教育家最主要的也是第一位的助手是幽默。

如果教师上课时能深入浅出地运用富有幽默、情趣或哲理的语言，就能化枯燥无味为具体生动，化繁杂为简洁，化沉闷为轻松，使学生在愉快的气氛中牢固地掌握知识。课前，教师要进行自我心理调整，这样在课堂上才能有声有色，才能带着愉悦的心情传授知识，从而使学生受到感染。

事实表明，教师风趣的语言艺术能赢得学生的喜爱、信赖和敬佩，从而对学习产生浓厚的兴趣，即产生所谓"爱屋及乌"的效应。教学生动风趣，能活跃课堂气氛，加深学生对知识的记忆。

例如，在讲势能时，可向学生提问，当天花板上有一根鸡毛向你头顶落下时，你将怎样？学生肯定会说："这有什么可怕的？"如再问，若你头顶上的吊扇落下呢？学生肯定会下意识地手盖头顶，"那还不快跑"。从而说明物体的势能和质量有关。

在讲到势能和相对高度时，可以用从课桌上跳下来与从讲台上跳下来做比较，肯定会收到良好的课堂效果。在授课时，如果在适当的时机故意讲错，也会收到良好的效果，使学生记得牢。

例如，在讲到组织时，教师可以故意说"动物组织中起保护作用的是保护组织"，讲完后，学生先是一愣，然后几乎全班同学齐声回答"应该是上皮组织"，这样课堂气氛就都活跃起来了。教室里弥漫着阵阵暖意，教师和同学都沉浸在成功、自信的快乐之中，适当而不低俗的"调侃"是活跃课堂气氛的催化剂。教师在课前或者课中根据具体教学内容穿插一些幽默风趣的语言，可以让学生在笑声中达到对知识的掌握。不仅学生学得愉快，教师也教得轻松，何乐而不为呢？

巧引故事，以"悬"激趣

引人入胜、扣人心弦的故事常常能迅速拨动学生的心弦，击中学生学习的兴奋点，造成一种急切期待的心理状态，从而极大地激发学生的求知欲。课堂上教师若能巧引故事、设置悬念，就能充分激起学生探索、追求的浓厚兴趣。

在教学压强的概念时，教师可用富有感染力的声音抑扬顿挫道："那是东北的一个寒冷的冬天，一群孩子们正在冰面上兴高采烈地滑冰，突然'扑通'一声，只听到有人喊'救命啊，有人掉进冰窟里啦！'

只见一人奋不顾身地跳进了冰窟，可冰水里的人还是不能上岸，情况十分危急。这时善良的游人们赶来，手拉手组成了'人链'参与抢救，忽然，冰面又出现了裂缝，如果不立刻采取措施,后果将不堪设想……"同学们正凝神静气、鸦雀无声地听着，教师讲到这里应戛然而止，反问到："这个时候该怎么办呢？"

此时学生必然被充满悬念的故事情节所感染而陷入沉思，然后讨论着对策。"这时只听一个声音高喊'快趴下'，大家立刻全都趴下了，随后冰面也就没有继续裂开，大家仍然手拉手将落水儿童救上了岸。这是什么原因呢？"

于是顺理成章地引入"压强"概念。在课堂教学中，适时适量地穿插一些有趣又有意义的小故事，既可活跃课堂气氛，又可激发学生的学习兴趣，使他们产生强烈的求知欲望。

趣味实验，以"奇"激趣

科学是以实验为基础的学科，实验在科学教学中的重要性不容置疑；但"新""奇"的实验能更强烈地吸引学生，有时还能达到引而不发、富有余味的教学之效。

教学第二册里的"光的反射和折射"中的平面镜成像时，笔者是通过"水淹蜡烛"的奇怪现象激发学生的兴趣的：转盘上竖直放一块平板玻璃，玻璃前放一支点燃的蜡烛，玻璃后的某一位置放一只透明的杯子。

调节转盘使学生通过玻璃清晰地看到杯中也有一支"点燃"的蜡烛。往杯中倒水，当水面漫过烛焰时，发现烛焰并没有熄灭。从而引发学生的好奇心而迫不及待想要学习平面镜成像。

趣味实验，不仅可以增强知识的直观性，更能使学生产生神秘感、好奇心、产生强烈的探究心理，激起学生探索研究科学的兴趣和欲望，提高学习的积极性和主动性，培养学生的动手能力和创造性思维。

因此，教学中教师除了做一般的演示实验外，还应多增加一些新奇的有趣的实验。

巧写批语，以"情"激趣

感情是消除人们心理、行为障碍最好的"催化剂"，是人们追求上进实现目标的"加油站"。

促进教师与学生之间的感情联系的方法是多种多样的。"亲其师，信其道。"作为任课教师与学生的接触时间相对较少，为了赢得学生的"感情胜任"，在批改学生的作业或试卷时巧写一些贴切、中肯的语句，也可以培养师生之情，让学生在教师的情感滋润下增加对其所教学科的兴趣。例如有个同学头脑灵活，精力充沛，表现欲强，可做起作业来马虎粗心。在第一次测验中，粗心的他只得了 68 分（班上最高分 94 分）。老师在他的卷首特意写下了这样的批语："68 分对于有些同学来说已是不错的成绩，可对你来说算不上什么好成绩呀！我相信只要你做到'踏实'两字，你一定会取得好成绩的！"没想到这短短的批语打动他幼小的心灵，第二次测试中他就拿了一个不错的成绩。

在平时的作业批改中，老师针对不同的学生写上不同的批语，如"好样的！""你有进步，很好！望再接再厉！""我觉得这道题你不应该做错，请认真审题！""这道题你解得真不错，请继续发扬！"等等，给学生加油、提醒、关心，这样既可增进师生之间的感情，又可激励学生改正不足，奋发努力，提高成绩。有人说"兴趣是成材的起点。"著名教育家苏霍姆林斯基也说："所有智力方面的工作，都要依赖于兴趣。"可见，兴趣对于学习多么重要，它是学生学习巨大的内在动力。

激发兴趣是提高课堂教学效率、调动学生学习主动性和积极性、培养学生创新精神和实践能力的一种有效途径。在科学教学中实施"激趣"教学不失为一种充满生机与活力的教学方法——使课堂教学具有趣味性、启发性、实践性、情感性，使学生乐中学、学中乐。

当然，激发学生学习兴趣是教育教学中一个常讲常新的课题，尽管其中的方法多种多样，措施千千万万，但有一点教师必须始终把握住：激趣的终极目的是提高教学质量，让学生真正掌握知识，切不可为追求表面的热闹而激趣。为此，还是要铭记苏霍姆林斯基的告诫："如果你所追求的只是那种表面的、显而易见的刺激，以引起学生对学习和上课的兴趣，那你就永远不能培养起学生对脑力劳动的真正的热爱。"

3. 激发学生科学兴趣的方法

"兴趣是最好的老师"，培养学生对科学的兴趣是科学教育的心理基础。只有激发学生对科学的兴趣，学生才能充满激情地投入各种科学探究活动，积极主动地学习自然科学知识。小学科学的任务就是使学生的这种好奇心得以保持和发展，并逐步使学生形成对科学的兴趣和探究欲。

科学教师在教学实践中如何通过一定的教学手段细心呵护学生与生俱来的好奇心，充分调动儿童学习科学的积极性和思维想象的热情，培养儿童对科学的兴趣呢？这里结合笔者十几年的自然科学教学和教研体会，谈自己的一点做法。

整合教材实现文本和学生生活的"零距离"

源于生活的才是真实的、生动鲜活的。每一位教师要善于用发现的眼光去关注学生的生活，挖掘出源于学生生活的科学探究素材，这有利于调动起全体学生参与科学学习的热情。科学课程在教材内容的选择上，鼓励教师根据学生的实际情况对内容进行调整和修改，要求教师不拘泥于教材提供的案例进行教学。科学教育要真正做到面向学生，激发学生对科学产生浓厚的兴趣和亲近感，教师就必须对教材进行有机整合，实现教学内容和学生生活的零距离。只有教师能够切实有效地把教材内容转化成贴近小学生生活实际的内容，让学生去经历探究的过程，学生才会体验和感受到学习科学对自己生活的意义，发现和认识周围世界的奥妙，体会和领悟到科学就在自己的身边，从而为积极有效的科学学习奠定良好的基础。

精心设计探究导入，学会"卖关子"

俗话说"好的开端是成功的一半"。科学探究的课堂教学导入也是直接影响学生学习科学兴趣、浓厚探究氛围的重要因素。每一节科学课导入都要别有新意，让学生耳目一新，怦然心动。教师可以精心设计与探究内容有关的小魔术、小实验、游戏等活动，也可提出一些学生感兴趣、有需求的问题，让学生一开始就有疑惑，有好奇，想质疑，想探究，激发儿童探究和学习的兴趣与动机，由此生成科学探究活动。实践证明，课堂教学导入的趣味性，直接影响到整堂课学生积极主动的探究状态。教师要学会"卖关子"，要从对学生身边事物的研究中，挖掘出学生感兴趣、有疑惑而又不易关注的自然现象，巧设悬念，让学生认识到科学与生活的密切关系，感受到科学的力量。

探究点拨有意"留一手"

俗话说"师傅领进门，修行在个人"。但在实际教学中，教师为了追求课堂教学的有序，教学环节的严谨，往往管得太多，放得太少。久而久之，学生依赖性大增，自主探究、主动学习的意识锐减。新课程给了师生广阔的空间，所以新课程下的科学课堂也应该少给学生一些束缚，多给学生一份属于自己的探究空间。如何始终让学生保持探究欲，保持学习的热情，在组织学生探究过程中，教师实验操作演示不宜过细，不要把探究步骤讲得太清楚，要有意"留一手"，让学生在探究中自我发现、自我纠正、自我反思，教师要有点心计"有意刁难"，激发学生产生不服输、不气馁的劲头，从而使学生的学习兴趣越来越浓，探究动力越来越大。

拓展延伸大胆"放一码"

科学课程的学习不是为了传授给学生多少科学知识，而是为了让学生对科学产生浓厚的兴趣，从而亲近科学，体会到科学学习对自身生活和社会发展的重要性，让他们掌握科学探究的技能，养成科学思维的习惯，培养乐于质疑的科学态度和科学价值观。因此，在每一次的探究活动完成之后，教师都应该留有一定时间和空间对探究内容适当拓展延伸，放飞学生想象的翅膀，让他们用学到的科学知识和技能，去解释生活中观察到的现象，继续发现科学在生活、生产实际中的广泛应用，大胆提出对现有生活、生产中的工具进行革新改良和创造发明。在拓展延伸的时空中让学生学以致用，让他们领悟科学技术在人类社会生活和发展中的巨大作用，引导他们大胆想象，用学到的科学发现创造新的科技产品为人类服务，这才是科学教育的真正魅力所在。

4. 多种形式激发学生科学兴趣

兴趣是人们积极认识某种事物或关心某种活动的心理倾向，具有内在的趋向性和选择性。兴趣可以直接转化为内在动机，成为推动、引导、维持和调节人们进行活动的一种内在力量。科学素养中的兴趣、情感、态度等因素与书本知识不同，不属于陈述性知识，而是程序性知识，也称为经验知识或默会知识。这类知识学生不可能通过简单的记忆和模仿性操练学会，而必须是习得的。在科学课堂教学过程中若能安排好各种相关的情境与有意义的科学探究活动，组织学生参与其中，亲历过程，自主地、充分地开展活动，势必会收到事半功倍的效果。那么怎样培养兴趣、增进师生间的情感呢？下面谈谈一些做法，以供参考。

精心备好第一堂课，诱发学生学习兴趣

经过小学六年相关知识的学习和生活经验的积累，迈入初中学习阶段的学生对身边的自然现象已经有了一定的认识，对不少自然现象的好奇正在转化为对科学的向往，他们越来越多地产生着"为什么"，试图用已有的知识去想象或找出一些问题的答案。同时他们也怀着对自然世界的好奇心，带着许多疑惑走进"科学"课堂。此时，教师必须结合学生所熟悉的日常生活现象，说明科学与人类生活的密切关系；还要告诉学生，"科学"知识错综复杂，但有规律可循，只要认真观察和思考，每一位同学都能学好"科学"。总之，教师要用生动的素材和富于诱惑力的实验来营造一个良好的开端，激起学生学好"科学"的积极愿望。

创设激趣情境，培养科学兴趣

了解科学，亲近科学，激发学习"科学"的兴趣，是学好科学的前提，但随着课程门类增多，学生学习精力的分散，加之"科学"内容的加深给学生学习带来一定的困难，学生由初期因新奇产生的兴趣逐渐减退。面对这一不利的客观情形，要求"科学"教师扬长避短，发挥自身的教学优势以弥补学科体系的某些不足，有意创设激趣的教学情境，诱发他们爱学、乐学的愿望，并使之转化为学会、学好的具体行为。

（1）言语激趣。

要对错综复杂的自然现象进行辨别、分类和解释，必须借助于一系列概念、原理、公式和模型，运用精确的、肯定的、果断的、扼要的、逻辑的语言来表达。但是，过分的"术语化"和"理性化"往往会使语言失去教学性，难以引导学生的思维活动正常展开。因此，用深入浅出、通俗易懂、轻松活泼、妙趣横生、有"形"有情、抑扬顿挫的语言揭示较为深奥的科学道理，能增强教学的吸引力和感染力。言语激趣不仅能调节学生的情绪和课堂气氛，陶冶情操，而且有助于学生理解教学内容。生动、诙谐的语言，极易使学生在妙趣横生的气氛中顿悟到问题的关键。教师每一个真诚、善良、会意、由衷的微笑，饱含着对学生的尊重、鼓励、赞许、支持、关怀和同情，让学生从中获得奋发向上、克服困难、奋勇拼搏的精神力量。

（2）悬念激趣。

通过悬而未决的问题情境使学生产生对问题解决的关切心情，从而刺激学生的求知欲望。教师应围绕教学内容设计悬念，从而激起探究的欲望，对新的课题内容更感兴趣，并做好释悬，这样能使学生加深对知识的认识，从中感受到学习"科学"的乐趣。例如，学习了"重力"以后，设置悬念：假如地球表面的物体不受重力的作用，我们身边的世界会怎样呢？学习了"摩擦力"以后，设置悬念：假如物体之间没有摩擦力的作用，我们身边的世界会怎样呢？让学生充分想象，以进一步激起学生探究的兴趣。

（3）实验激趣。

因为科学素养中的智慧、能力、情感、态度等因素与书本知识不同，不属于陈述性知识，而是程序性知识，也称为经验知识或默会知识。这类知识学生不可能通过简单的记忆和模仿性操练学会，而是必须习得的。在教学过程中应安排好各种相关的情境与有意义的科学探究活动，组织学生参与其中，亲历过程，自主、充分地开展活动。"科学"是以实验为基础的学科，实验以其生动、直观、鲜明的特点，极易诱发学生的学习兴趣。但是，不少学生往往停留在由实验现象本身引起的感知兴趣上，教师在激发这种兴趣的同时，应将学生看热闹的好奇心理和强烈的期待愿望逐步引导到规范操作和重点观察的目标上，捕捉反映本质属性的特征现象，结合现象启迪学生科学思维，引导学生理解概念，掌握规律，使学生在浓厚的兴趣驱使下主动地探索奥秘。

（4）游戏激趣。

在讲"合力"时，教师可以组织学生开展一个游戏——撑杆游戏。让学生以小组为单位，站成一排抬起双手与胸齐平，手心相对，五指并拢，大拇指下放，把一根长竹竿放在所有人食指处撑好，要求大家把杆子下移至地面处，然后上移至原处。在这个过程中，若谁的食指离开杆子，便被罚下，若每组被罚下三人，就是失败。其间学生可以商议，看哪一组能在较短的时间内完成。这个游戏特别强调所有人的一致性，结果虽然每组学生都很用心，但大多数组在开始不久就把杆子举过了头顶，然后就相互埋怨。所有组做完后教师借此告诉大家，合作要求有一个领导，步调要一致，不能只考虑自己；出现问题就相互埋怨，只会把问题越搞越乱，不会把问题解决好。只有在相互理解，共同探讨失败原因的前提下才能找到成功的出路。最后教师挑选几个学生做示范，告诉大家这个游戏是可以成功的，打消学生认为教师在做一件不可能的事的疑虑。这个游戏很有教育意义，学生乐于参与，认识很明确，激发了学生主动参与课堂的精神，加深了对合作重要性的认识。

（5）检测激趣。

适当的测试或竞赛可以驱使学生努力克服困难，积极向上，最终获得优异的成绩。对初中生而言，刚接触新课的学习，外部的刺激往往作用更大。教师、学生、家长对测验结果的肯定、仰慕或表扬，都会成为强烈的学习推动力。有经验的教师应常常对学生更多地给予表扬和肯定。教师应学会在信任中寄予期望，在肯定中表示惋惜，这样既不伤害学生的自尊心，又能督促学生产生下决心学好"科学"的动力。将测验、竞赛、提问等手段与教师的期望结合在一起，使学生明确努力的目标，树立奋发向上和积极进取的信念，能够稳定学生的学习动机。

（6）幽默激趣。

幽默是一种特殊情绪的体现，是一种品位素质的展示，它必须建立在成熟阅历和丰富知识的基础上。一个人只有具备广博的知识，敏捷的思维，才能做到谈资丰富，妙言成趣。知识在于积累，要培养幽默感必须先广泛涉猎，充实自我，不断从浩如烟海的书籍中收集幽默的浪花，从名人趣事、影视作品的精华中撷取幽默的宝石。当然在幽默的同时，还应注意在处理不同问题时要把握好灵活性，做到幽默而不落俗套，真正体现幽默的魅力。例如学生在课堂上说话，教师以一句"教师很生气，后果很严重"的话来警告说话的学生，学生会因为看了电影《天下无贼》，明白教师的意思，在清脆的笑声中，停止小声说话。这既维护了师生关系的和谐，也达到了警示的目的，学生乐于接受这样的批评方式。

发挥情感因素，培养浓厚兴趣

情感是人们对客观事物的态度体验，具有波动性和感染性。在教学中，教师将情感传给学生，引起学生的情感共鸣，产生感染作用和激励作用，融情于学习之中。同样，学生良好的情感反馈于教师，教师受到感染，又作用于学生，从而形成师生情谊交融的境界。在这种场合，任何因教学引起的心理疲劳和厌倦情绪均不存在，学是一种享受，教同样是一种享受。事实上，教学过程始终都贯穿着学生的情感活动，而积极的情感，能在教师的培植下转化为学习的推动力。相反，厌倦学习、对班级集体和任课教师冷漠、对教学内容没有兴趣等消极情感，极易削弱学生的进取心。因此，在"科学"教学中，必须将情感的培养纳入教学系统，通过各种途径发挥情感的积极作用。

（1）教学内容中"植入"情感因素。

教师要精心设计，有意识地"植入"情感因素，赋予教学内容情感色彩，从而诱发学生对教学内容的积极情感，内心产生强烈的反响、同情、激励、喜悦、惊奇等。由于个人深刻的内心感受，使得所注意的科学现象和记忆、理解的科学知识在这种状态下变得丰富，学习的效率更高，并形成热爱学习的积极情感。

（2）增进师生情感，师生共同成长。

学生的学科情感常取决于对任课教师的喜好，古人云："亲其师，才能信其道"。教师在课堂上要对每个学生抱着积极、热情、信任的态度，并在教学中让学生感受到这种态度。当学生从教师那里感受到真诚的关怀和挚爱、积极的期待和希望时，他就会有一种受到信赖、鼓舞与激励的内心情感体验，从而内心升腾起对教师的信赖和爱戴。"爱屋及乌"，由喜欢教师而喜欢他所任教的学科，从而愉快接受教师的教诲，并努力将教诲转化为行动，从而实现教师的期望。例如，通过课下聊天，教师了解到一位学生爱看军事方面的书，便与他交流，产生共鸣。他先后三次借书给教师，教师也借给他几本他没有的，他们就这样建立了书友关系，相互督促着看书。他其实是一位特别内向的学生，若不是因为借书这件事，可能教师始终不会注意到他，他也不会对科学课有兴趣。但因为有了这样的接触，他因为喜欢与教师沟通，继而喜欢科学课，也给教师提供了更全面认识学生的机会，可以说双方都是受益人。

师生共同成长。教师通过课下交流，能够了解许多学生的不同特色，如声乐、器乐、绘画、外文、体育等方面的特长，以及开朗、内敛、冲动、理智、大方、自私等性格特点。通过课上课下的情感交流，能够与许多同学建立良好的师生友情，大大促进学生参与课堂教学的机率，激发他们的学习兴趣。

（3）揭示科学美的过程中培养学生美感。

璀璨夺目的金刚石、五颜六色的彩虹、载人飞船遨游太空等，能使学生感受到自然界争奇斗艳的物质形态美，并促发他们产生探求科学知识的积极情感。用简单的科学用语来捕述复杂的自然现象，在简洁中蕴含着丰富的科学内涵。缜密的科学原理更闪烁着被人类利用的美好前景。会使学生从中获得美感，滋生出一股驾驭自然的内在力量。

（4）发挥学生的主体作用，缩短师生差距。

建构主义提倡一种在教师指导下的以学习者为中心的教学，它既强调学习者的认知主体作用，又不忽视教师的主导作用，认为教师是学生意义建构的帮助者和促进者，而不是知识的提供者和灌输者。在讲"世界因生命而精彩"时，笔者提前给学生布置了"让你感动的生命展示会"的作业，学生通过网络、图书、报纸和新闻等，每人介绍一种让人感动的生命，并说明令人感动的原因。学生找了很多，如深海动物要承受巨大的海压和漆黑的世界，南北极动物要经受极度的寒冷和刺眼的阳光，迎客松能在石缝间求得生存，小草能在柏油路的间隙求得生存，仙人掌能在极度缺水的沙漠求得生存，残疾人能参加各种运动会，等等。这个活动培养学生珍惜自己身边的每一种生命，让学生看到了生命的顽强，从而鼓舞他们在人生道路上做生命的强者。在讲"生命需要相互关爱"时，学生讲出了许多人与动物相互关爱、母与子之间相互关爱的故事，很有教育意义。这种活动培养了学生搜集信息的能力，敢于、善于表达的能力。学生相互交流和影响，其教育效果远远胜于教师的一言堂。

充分利用媒体、影视作品进行教学

日食、月食、观察星空、运动和能量等内容很抽象，用多媒体课件展示相关内容能化抽象为形象，化深奥为直观，达到降低难度，提高兴趣的目的。在讲"生命的脆弱"时播放交通事故、天灾人祸的影片，让学生理解这都是人力所不能抗拒的。在讲"关爱身边的环境"时，放灾难片《后天》的一些片断，让学生意识到人类不关爱身边的环境，会受到自然的惩罚。还有一些歌曲也可拿来一用，如迈克尔·杰克逊的《地球之歌》等。

总之，教学有法但无定法，只要围绕激发兴趣、增进情感、开发智力、培养能力这个中心而因材施教，总可以探索出许多行之有效的教学方法来培养学生的学习兴趣，为进一步达到提高能力、发展智力的目标奠定基础。

5．科学课堂中学生兴趣的培养

兴趣是指一个人要求认识某种事物或爱好某种活动的心理倾向。我国的教育家孔子在二千多年前就说过："知之者不如好知者，好知者不如乐之者"。可见兴趣是推动学生学习的内部动力，能够激起学生学习的积极性和主动性。

兴趣不是天生的，是在后天的生活环境和教育的影响下发生和发展起来的，而教育起主要作用。小学科学更是需要培养学生的兴趣，把枯燥无味的说教变成趣味性的教学活动。为了激发学生学习自然科学知识的兴趣，教师在平时的教学过程中应从以下几方面进行努力。

保护学生的好奇心，把学生的好奇心引导到学习上来

儿童对大自然的好奇心正是兴趣和求知欲的萌芽，教师要很好地保护，并不断引导，使之成为学习科学知识的动机。小学生经常爱问这是什么、那是什么，还要寻根觅底地追问这是为什么。这种由好奇心产生的认识兴趣和求知欲是十分可贵的。从自然教学出发，就能推动自然知识的学习。在这个基础上对学生进行学习目的性教育，能使他们明确学好自然科学知识的重要意义。如上"食物的营养"一课，讲到用碘酒检验淀粉，笔者让每位学生把手指洗干净，再把碘酒涂在手指上进行消毒，随后让每位学生把饭粒放在桌子上摆整齐，奇怪的事情发生了。有学生报告，饭粒变脏了，手指也变脏了。饭粒和手指都出现了蓝黑色,这是怎么回事？此时此刻学生都产生了奇妙的感觉，要研究的问题竟是如此奇妙，让他们随之情绪高昂，精神振奋。

演示实验与游戏是激发科学兴趣的直接手段

既能激发兴趣又能直接切入主题的捷径是围绕课堂教学核心所

创设的演示实验。如传统的"喷泉"实验的演示，能使学生的好奇心、求知欲如喷泉般喷薄而出。又如，教学"茎的输水作用"时，简便易行的"两色花"实物能迅速激发学生的情感，使学生产生浓厚的兴趣，此时教师发给学生一些红墨水，学生会主动培养出两色花，课堂上再来研究学生的成果，学生的积极性高，所学知识牢固。此类方法研究者较多，贵在教师精心选材。

游戏符合儿童的身心特点。在自然教学中适当采用游戏的形式进行教学，学生十分欢迎，教学效果也比较好。导入新课就可以采用游戏的形式，如教"影子"时，教师先请学生猜一则谜语："你有一个好朋友，乌黑的身体乌黑的头，无论你到哪里去，东南西北跟你走"（谜底：影子）。学生猜出了很开心，就会由被动的看看听听，变为主动的说说做做。

学生实验与制作是发展科学兴趣的主要途径

实验和制作都是学生十分感兴趣的事。学生动手实践，有利于突破重难点，自求诠释；有利于学生体会知识和实践意义，渴望更深入地探求；有利于发展学生能力。例如，在学习热气球的原理时，让学生亲手制作孔明灯，并放飞孔明灯，既能使学生知道"燃料燃烧使周围空气温度升高，密度减小上升，从而排出孔明灯中原有空气，使自身重力变小，空气对它的浮力把它托了起来"的原理，又能培养他们的动手能力，同时发展了对科学的兴趣。

运用多媒体手段激发学生的学习兴趣

随着素质教育的深入发展，多媒体已经深入各个学科的教学中，在科学教学中，电化教学可以通过声、光、图把教学内容生动形象地展现在学生面前，使学生有身临其境的感觉，有效地调动学生的各种感官，激发学生的学习兴趣，使他们学得更加积极主动。比如教学"鸟"这一课，首先放鸟的录像，千姿百态的鸟一下子吸引了学生，使他们仿佛置身于百鸟之中，乐于跟随教师去学习鸟的知识。

科学学科的内容本身是十分生动有趣的，它包罗万象。从天上的星星到地下的宝藏，从周围生气勃勃的动植物到千变万化的天气现象。只要教师善于组织这些内容，采取适当的教学方法，就比较容易激发学生的学习兴趣。教师在激起学生的学习兴趣以后，不能停留在兴趣上面，要不断引导，把这种直接兴趣发展成为对自然科学的喜爱，并进而成为学生的志向，把学习跟远大理想和奋斗目标联系在一起。

6．小学自然科学的兴趣教学

义务教育小学科学课程标准明确提出："小学科学课程是以培养科学素养为宗旨的科学启蒙课程。"科学素养的形成是一个长期的过程，早期的科学教育对一个人科学素养的形成起着奠基的作用。在小学阶段，儿童对周围世界有着强烈的好奇心和探究欲望，他们乐于动手操作具体形象的物体。这一时期是培养科学兴趣、体验科学过程、发展科学精神的重要时期。

科学家韦钰说："什么叫科学家？科学家就是长大的孩子。他永远存在那种好奇心，那种进取心去探索。"培养孩子的科学素养，很重要的一点就是要培养孩子对科学的兴趣。小学生一旦对科学知识的学习有了兴趣，就会积极主动地进行探索。许多著名的科学家，没有哪一个的童年不是对自然科学充满幻想，做出许多别人认为是傻事的探索，是什么力量促使他们去探索呢？那就是兴趣。

孔子曰："知之者不如好之者，好之者不如乐之者。"皮亚杰说过，一切有成效的工作必须以兴趣为先决条件。科学兴趣就是对科学的好奇心和求知欲以及由此生发的亲近科学、体验科学、热爱科学的情感。在科学教学过程中，学习兴趣的作用是多方面的，它既能作为吸引学生主动学习的教学手段，又能成为学生学习的强烈动机，促进学生紧张地、长时间地开展认识活动，也有助于学生形成稳定的个性特点。

因此，教师要充分利用科学课得天独厚的优势，让学生亲身经历以探究为主的学习活动，培养儿童学习研究探索自然科学的兴趣。

创设情境，激发兴趣

布鲁纳认为，学习的内在动机很重要。学习的最好刺激，乃是对所学材料的兴趣，而不是那些来自外部的动机。

在小学阶段，学生的学习动机大都取决于对学习内容的兴趣，因为他们的好奇心强、求知欲旺，遇到感兴趣的问题总要弄个究竟，所以教师在教学过程中，应根据学生这一特点，选择与教学内容相关的实验。创设情境，可以促进学生参与科学探究的积极性，可以启发他们更加关注身边的科学，让他们更好地在生活中学科学，便于促进对"科学寓生活，生活有科学"的体验和理解。

学生天生就具有强烈的好奇心，但是缺乏持久性，需要教师的帮助来延续并使之演变成为探求知识的欲望和热爱科学的情感。而教师除了能够为学生提供产生好奇心的活动，更需要用自身亲近科学、体验科学、热爱科学的情感和行动来影响和感染学生，难以想象一位没有科学兴趣的教师怎么能够使学生产生对科学的兴趣。

在科学教学中，教师应从生活实际出发，运用问题情境、故事情境、活动情境、实验情境等让学生在情境中产生学习兴趣，巧妙地设疑和质疑，有的放矢地促进学生问题意识的发展，让学生主动提出有意义的问题，有机地展开教学。

苏霍姆林斯基说："使你的学生看出和感到有不理解的东西，使他们直接面临着问题。如果你能够做到这一点，你就成功了一半。"如学习"运动与摩擦力"时，上课伊始，教师可以首先做两个有趣的演示实验寓教于乐。

教师拿出一个自制的教具"听话的小人"，演示并告诉学生："这个小人在这根绳子上可以随便移动，而且特别听你们的话，你们叫它停它就会停在哪里，相信吗？"

学生几乎异口同声地回答："不相信！"

教师把小人滑到一端拉紧绳子，竖直举起来，让小人面向学生，小人随着学生的叫停而一点点地"走"下来，小人果然很听话。学生看到绳子上除了有个小人其他什么也没有，感到很新奇，并且都想亲自动手试一试，也想做一个听话的小人。兴趣盎然，一种探索的欲望油然而生。

这时教师趁热打铁，继续做第二个实验"筷子提米"：先将大米装进一个圆柱体的玻璃杯中，每装一次都要把杯子在桌子上蹾一下，直到装满，用左手压紧并按在米上，右手把一根木筷从两指中间竖直一次性插入，在插的过程中不能晃动木筷，用手紧握木筷，大米被提起来了。学生瞪大了眼睛直盯着看，"触景生疑"，唤起了学生强烈的探索欲望。

这时，教师便在黑板上板书"摩擦力"，使学生带着问题进行探索未知的活动。通过猜测，让实验现象与学生的原有认知产生矛盾，从而推动学生的思维、认知朝着更深入、更科学的方向发展。

设计实验，发展兴趣

科学最大的特点是以观察和实验的方法寻求对世界的解释，用实证的方法寻求对世界的认识。实验是科学学科课堂中最重要、最常规的一种教学方法。凡在自然环境中不易或不便于观察的现象，都可以利用实验来完成。实验能使小学生更清晰地了解自然界中发生的现象，使他们看清这些自然现象之间的联系和因果关系，使小学生也能发现科学规律，是学生亲历科学过程的一个不可替代的环节。

当然，这里的科学实验是指学生力所能及的、带有游戏色彩的实验。而那些较复杂和带有一定的危险性的实验，可以由教师带领学生一起做，有的甚至只能是由教师进行演示实验。在培养学生创新精神和实践能力为重点的素质教育中，教师必须启发引导学生积极思维，自己提出观察、实验的方法，自己动手实验，通过观察实验活动，锻炼学生，提高他们的创新意识和勇于探究未知的科学兴趣。如"摆的研究"一课旨在让学生通过对一定数量的分析，揭示摆的秘密，培养学生的定量观察能力。课前学生已经观察过摆钟的摆与自己的摆，他们会联想到摆的快慢可能会与摆锤的轻重、摆绳的长短等因素有关系。

课上教师让学生先观察实验袋内有哪些材料：棉绳，剪刀，五个螺丝垫圈，铁架，秒表以及研究摆锤重量、摆绳长度的记录表等。让学生想办法做实验来证明。虽然这不是学生首次涉及对比实验，但为了保证实验结果的客观、准确，还必须强调关键因素：在实验中只能有一个条件不同，其他条件要完全相同。

当学生在制定探究方案时，教师走到他们中间，仔细倾听，引导小组成员间互相补充，并在他们遇到困难时给予必要的帮助。在弄明白应该搜集哪些数据，应该怎样实验后，学生很快进入研究状态。通过实验学生搜集了大量的数据，还进行了比较，纷纷发表自己的意见。最后学生通过分析数据很快达成共识：摆的快慢和摆绳的长短有关，和摆的轻重无关。

这个实验结果出乎有些学生的预料之外，教师抓住机会及时引导，再次让学生实验、思考，使学生真正体验到在科学探究中要讲求真凭实据，用证据说话。对事实的尊重，对观察的依赖，对结论的谨慎，对错误的勇于修正，这些不是靠说教讲给学生，他们就可以内化的，而必须是在学生亲历了一次又一次的活动，在活动的过程中教师注意引导，让学生感悟，才能成为学生自身的科学素养。

最后教师还引导学生用新获得的探究方法，尝试更多的活动。教师出示两个摆绳相同但是摆锤不一样长的摆，请学生预测它们的摆动快慢会怎样？这样给了学生一个反复实验的过程，同时也是验证探究结果的过程，又是一个锻炼学生观察、实践、思维能力的机会，起到了激励学生课后继续研究摆的作用。

运用现代教育技术，提高兴趣

义务教育小学科学课程标准指出："在一切有条件的地方，科学课程的教学应尽可能地运用现代教育技术。"随着科学技术的发展，现代教育技术为今天的教学开拓了广阔的天地，为学生提供了更多高质量的科学信息，为教师提供了更多样、更先进的教学手段，同时也进一步加强了学生学习科学的兴趣。

但是，现代教育技术的运用不是为用而用，它代替不了学生的亲自体验，不能用它取代学生可以直接感知的活动，否则不利于学生科学素养的培养和发展。教师要以教材为中心，充分运用包括网络在内的现代教育技术，充分利用丰富的网络资源服务于学生的科学学习。

现代教育家斯宾塞强调：教育要使人愉快，要让一切教育都带有乐趣。如在教学"动物的繁殖活动"接近尾声时，教师可介绍当今最先进的科技成果，引导学生对多利羊的诞生以及有关克隆方面的知识产生兴趣。为了帮助学生感知和理解有关克隆的新知识、新信息，教师可以运用直观的无性繁殖的 Flash 课件和多利羊诞生的 Flash 课件进行演示，既能通过生动形象的画面帮助学生了解多利羊的出生过程，培养学生科学的思维方法，又节省了时间。

好奇和惊讶的态度是提高科学兴趣的必要条件，教师要充分利用这一点进行拓展延伸来满足学生对知识的探求欲望，培养他们对生命的珍爱。关于克隆技术对人类的影响，学生也有自己的观点，随机播放一段著名科学家对克隆技术的评论录像，让学生能够辩证地看待问题，认识到任何技术都要利用它积极的一面为人类服务，有效控制它的消极面，人类就将不断进步。

其实学生随时都在动脑筋想问题，很想知道自然界中的很多奥秘，如果教师能沿着学生提出的问题，去发展教材，会给科学课找到很丰富的课程资源，学生也会感受到极大的乐趣。如录像、动画、投影等现代化教学手段的使用，使科学教学具有更高的效率。尤其是某些事物和现象的运动、变化和发展过程，如登月活动、月地运行等现象或只能借助显微镜或望远镜才能观察到的现象，再如植物的生长、野生动物的生活等日常生活中不易见到的事物和现象，借助电视、电影的帮助，可以清楚地呈现在小学生眼前。

此外，还可以利用延时摄影放映种子的萌发，使人们需要很长时间才能见到的现象，在几分钟内复现出来，形象地展现在学生面前。网络资源是学生学科学的重要知识源泉。学生有目的地在科学网站上搜集信息也是一种重要的自学方式。首先，在学生查找科学资料的过程中，教师要有意识地培养他们正确的学习态度，使他们知道知识产权问题。其次，要引导他们养成严谨的学习习惯，学会主动思考，认识到网络上珍宝与瓦砾并存，学会借鉴与甄别。此外，网上的超链接容易使学生"迷航"，教师还要提醒学生不要去搜索与之无关的内容，而要专心为共同的主题收集资料。这样不仅可以锻炼学生搜集信息的能力，增强学习信心，而且可以大大提高学生的学习兴趣。总之，现代教育技术在小学科学教学中，对于培养学生的科学兴趣发挥着不可替代的作用。

美国心理学家布鲁纳说："学习最好的刺激是对所学学科的兴趣。"在科学课教学中，我们要细心呵护孩子们与生俱来的好奇心，丰富孩子们童年的生活，引导他们迈进奇妙、神圣的科学殿堂，放飞探究的心灵，像科学家那样"真刀真枪"地做科学，让科学课堂焕发出生命活力。要精心选择、压缩、改编那些对于人类而言已经认识，而对儿童而言是未知的、经典的"再次认识过程"，让孩子们去经历、体验。将课堂教学进入苏霍姆林斯基所捕绘的"学生带着一种高涨的、激动的情绪从事学习和思考，对面前展示的真理感到惊奇甚至震惊，学生在学习中意识和感觉到自己的智慧力量，体验到创造的快乐，为人的智慧和意志的伟大而感到骄傲"的境界。科学课教师是知识、技能的传播者，又是学生科学素养形成的塑造者。我们要为自己的科学素养寻求一个坚实的基础，要不断地努力提高自身的科学素质以胜任培养小学生科学素养的重任。

7．小学科学教学的兴趣培养

激发学生学习自然科学知识的兴趣，可以从以下几方面努力：

（1）把学生的好奇心引到学习上来。小学生经常爱问这是什么、那是什么，还要寻根问底地追问这是为什么，这种由好奇心产生的认识兴趣和求知欲是十分可贵的。从自然教学出发，就能推动自然知识的学习，让学生"爱科学"。

（2）寓教学于游戏之中。游戏符合少年儿童的身心特点，在自然教学中适当采用魔术、游戏等形式进行教学，小学生十分喜欢，教学效果也比较好。

（3）创设"问题的情境"也能激发学生的学习兴趣。给学生提出一定的问题或事物，使他们不能单纯地利用已有的知识和习惯的方法解决面临的问题或事物，从而激起学生渴求知识的需要。如在教"水域的污染和保护"这一课时，教师可以请学生观看清澈的小溪、沟渠、湖泊慢慢变黑、变脏的影片，然后提出这些是谁造成的，我们应该怎样做等问题，这样一步一步来启发学生。

（4）采用实验的方法引起学生的兴趣。在自然教学中，我们可以设计出许多容易使学生产生兴趣的实验。例如，教师演示"热喷泉"的实验：在一只盛有少量红水的烧瓶上塞上带玻璃管的瓶塞，玻璃管直插瓶底，教师将烧瓶放入热水中，瓶里的水立刻从玻璃管中喷出，就像喷泉一样。学生看了实验感到十分新奇，迫切想知道这是什么道理。

（5）通过实践活动提高学生的学习兴趣。"实践出真知。"在自然教学中，我们也可以设计许多容易使学生产生兴趣的实践活动。如在讲凸透镜（放大镜）聚焦实验可以我带学生到操场，用凸透镜对准太阳，将光聚焦一点在纸上，纸便燃烧起来。在这样的实践活动中学生兴趣盎然，很容易就记住了知识点。

总之，激发学生学习兴趣的方法多种多样，只要教师不断加强自身素质，在教学中多琢磨，根据学生的实际采取不同的教学方法，因材施教，就能充分调动学生学习自然科学的兴趣，从而提高学生的能力。

8．中学自然科学的探究教学

自然科学开展探究教学的必要性、可行性

当今时代，不再以拥有知识量的多少作为衡量一个人素质高低的唯一尺度，关键是创新能力的高低，因此在学校教育中，培养学生的创新精神和实践能力就成为素质教育的重要价值取向。传统的"一言堂"式教学过程，验证性实验教学是将所有的知识精细讲解之后，硬灌输给学生，让学生去应试，这势必会抑制学生的主动积极思维、探究问题的能力。实践证明，课题探究教学更有利于培养学生思考的习惯，激发学生的创新意识、开发学生学习的创新潜力，全面提高学生的科学文化素养，拓宽学生获取信息的渠道。

初中自然科学涉及物理、化学、生物、环境、地理等知识领域，是一门以实验为基础的实践性与理论性很强的学科。对其运用探究教学具有较强的可操作性。自然科学的课本中有许多实验、许多新课知识可作为探究的课题去开展探究教学，只要教师据教材目标，以探究性的视角去挖掘教材中的探究因素，通过整合增减、换序、新编的方法确定探究课题，设置情境问题，诱导学生主动学习、观察、探究、交流、

寻找问题的答案，对问题作出完满的解释，让他们在课堂、课外直接参与并体验知识的获得过程，让他们感到成功的快乐，这样不仅提高了他们学习这门课的学习兴趣，而且还培养了科学探究的能力，所以开展自然科学的探究性教学活动成为初中自然教学的必然趋势。

注重以实验为手段的科学探究教学

实验是自然科学的基础，也是学习自然科学的基础，在自然教学中采用实验探究教学是培养学生研究性学习的重要手段。

（1）挖掘实验探究点，优化实验设计。

在现行的自然科学教材中，有关物理、化学、生物的实验大都是验证性实验，实践证明，验证性的实验不利于培养学生的创新能力。而实施探究实验教学不仅培养了学生对实验的兴趣，又提高了学生的实验能力和创新精神。实施实验探究教学，教师必须有创新精神，努力挖掘可供探究的实验素材，根据教学目标与学生的认识水平，对现行的实验内容"动动手术"，做些调整。教师可以将一些验证性实验改成探索实验，将一些演示实验改作学生实验，也可适当改变教材中实验设计的某些环节，使之呈现为一种"变式"，以便激发学生的实验兴趣，激活学生的思路，以完善学生的实验能力。例如："用电流表测电流"的实验就可改为"研究串并联电路中各部分电流之关系"；第二册物质的特性中的"密度"一节，可将"密度的测定"这一验证性的演示实验变为探究实验教学。下面是笔者对"密度"一节的教学思路：

上课时，教师首先给学生设置情景问题："两个相同的烧杯分别装入相同体积的水和酒精比较，哪一杯质量大？"再让学生把它们同时放入已调节好的天平上，让学生观察天平是否平衡？结果天平向盛水的一边倾斜，为什么？然后让学生共同讨论，提出各种猜想。比如相同体积的不同物质，其质量是否相等？相同体积的同种物质，其质量是否相等？……接下来，把学生分成 4 个大组，若干小组，第一组测若干杯体积不同的水的质量与体积，第二、三、四组分别测若干个体积不同的铁块、铜块、铝块的质量与体积，要求各小组先设计实验方案、设计表格，然后选取实验材料做实验，收集证据，整理后填在表格中，分别计算出水、铁、铜、铝四种物质的质量与体积之比值；再通过同学之间的交流与合作，讨论并归纳出：不同物质的质量与体积的比值是不相等的，相同物质的质量与体积之比值是相近的或相等的。最后教师总结指出：物质的质量与体积之间的比值是恒定的，它反映了物质的一种特性。从而顺势提出"密度"的概念。这样，整节课在教师的指导下，通过学生自己去摸索、寻求，让事实说话，不仅帮助学生理解密度概念本质，更重要的是培养了他们的探究思维方法。

"变式"的方法可以有多种，其灵活度可由教师把握，如初一"植物细胞的吸水、失水实验"，教师可早一天布置学生在实验室利用课余时间，据老师提供的实验要求（分几个小组，容器、材料各组不一）让他们自己设计实验并完成分组实验；第二天，在课堂上，教师引导学生展开讨论，通过比较、分析，让学生领略到"课本实验方法不是探究的唯一途径"的实际意义，从而开拓学生的思维，树立创新意识。此外，初中自然课可供探究的实验素材还很多，如化学方面的"盐的性质""化学反应中的质量守恒"等。

（2）设计综合、开放性实验，培养学生的发散思维。

初中自然科学是物理、化学、生物等多种学科的合科教材，所以在实验探究教学中，引导学生综合学科知识，设计综合实验，开放性实验，有利于培养学生的综合分析能力，培养学生的发散思维及探究、创新能力。例如，让学生据所学的化学知识与植物知识，设计一个"研究植物呼吸作用"的实验，于是，有些同学用黑色塑料袋、绳子、吸管、试管、澄清的石灰水来设计实验；有些同学则用烧杯、燃烧的蜡烛代替澄清的石灰水和试管。口瓶中放一株植物，瓶口紧塞并通过导管与盛有澄清石灰水的试管相通，把装置放在暗处。此实验要求学生把初中植物学知识与化学知识综合起来，用化学原理：

$$CO_2 + Ca(OH)_2 = CaCO_3 \downarrow + H_2O$$

分析得出植物呼吸作用产生 CO_2 的结果。教师也可以设计一些实验课题，让学生寻找多种解决方法尝试。如"辨别食盐水和纯净水"实验作为探究课题，要求学生据所学的知识，寻找多种实验途径辨认，结果学生设计出五花八门的实验：

①有从物理测"P"法；

②据浮沉条件，设计鸡蛋的浮沉来判别；

③用化学方法，加入 $AgNO_3$ 溶液产生 $AgCl \downarrow$ 辨认食盐水；

④用蔬菜、萝卜的细胞吸水、失水实验；等等。

然后教师归纳，比较每种方法的优缺点，寻找最佳方案。

像这样通过多学科的知识联系，多种实验方案的设计，能让学生创新思维的多向性得到充分发挥，综合能力不断提高。

可见，通过探究性实验教学，让学生自己去摸索，寻求，让事实说话，进行认识的自我调节，可以把学生对事物的好奇、兴趣、操作及了解外界事物奥秘的欲求转化为掌握知识技能的一种内驱力，并可培养具有创新精神和动手实验能力的高素质学生。但是初中的实验教学在整个教学计划中只占一定比例，学生还要学习自然科学的系统知识，所以探究教学不应局限于实验教学。

注重以逻辑推理为主体的探究教学

现代的课堂教学应以学生的探究性学习为主，教师必须在课堂上摆正与学生的正确关系，以免出现"一言堂"教学。现行教材虽然比较传统，但只要教师肯钻研教材，教材中的许多内容都可改为探究材料。只要教师备课时，根据教学目标，精心设计问题，组织教学材料，设计教学策略，让一堂课变成学生的一个发现—探究—推理—判断的过程，即让学生自己去体验知识获得的过程，就是一种探究式教学。

例如，在第二册"血液"一节的新课中，教师可以先把本课的教学目标以学生熟悉的生活现象导入问题："平时割破手会流血，人心就有点紧张，如果大量失血，就会危及生命，为什么血液如此重要？"这一设问不仅引起学生对"血液"的探究欲望，而且明白了本节课要讲的是关于"血液"的知识，其重点是血液的功能，让学生有目的地寻求答案。接着出示2支装着血液的试管（1支是加入抗凝剂未分层的血液，另1支是加入抗凝剂已分层的血液），让学生观察判别，鉴于学生对血液的理解，学生只能识出1支是血液，然后教师道明2支都是，为什么都是血液会不同？这说明了什么？学生马上被一连串的问题所吸引，强烈希望追寻答案，这样教师便顺理成章地引入"血液的组成"这部分内容，通过学生对2支量筒中血液的比较和对分层血液的观察，知道血液的成分不都是红色的，而是分出了三层不同颜色的成分：淡黄色半透明的是血浆、白色的是白细胞和血小板、红色的是红细胞。

当讲到"血红蛋白的特性，动脉血和静脉血的区别"时，教师让学生观察一块凝同的血块，问学生："血块里面的颜色与表面的颜色是否相同？为什么？"学生的答案五花八门。随之，将血块切开，演示血块里面的颜色（呈暗红色）和表面的颜色（呈鲜红色），再引导："血块里面和外面所处的环境有什么不同？"学生从事实中受到启发就可把氧和血液的颜色联系起来，再讨论其成因，推论出这是由血红蛋白的特性所决定的，并理解了动脉血和静脉血的概念及区别。这样整堂课中，随着知识点的转移，通过教师的层层设问，引导学生发现问题，通过阅读、观察、分析，推理再解决问题。学生的思维在教师的引导下始终处于兴奋、积极的状态，使重点变得深刻，难点变得易懂，教学效果比原来的大有提高。

然而，在知识更新速度加快的今天，使学生学会学习已成为教育的一个目标。"授人以鱼，不如授人以渔"，所以教师在自然教学中要注意从具体的事实出发，引导学生去认识学科的基本事实、基本概念、基本原理，培养学生归纳、综合知识的能力。在教学中教师还要注意以自然科学知识为载体，精心组织材料，使学生熟练掌握如何查阅资料，综合运用图表等信息进行归纳、比较，抓住关键，通过逻辑、推理、自主地得出正确结论，为培养发展性的人才打下良好的基础。

注重课堂探究与课外活动紧密结合

科学教学应当是开放的，培养学生的科学素养仅仅靠课堂教学是不够的，课外活动是课堂教学的延伸，开展课外活动不仅拓宽了学生的知识面，活化知识，使学生掌握了研究问题的科学方法，同时也提高了学生思维能力与实践能力。因此，教师要根据教学、学生、校内外的实际情况开展各类课外活动，将课堂教学与课外活动紧密结合起来，使探究教学更加完善。例如，依据所学知识，在教师的指导下，学生回家做一些生活小实验：

（1）用pH试剂测定家庭中的食盐水、肥皂水、茶水、食醋的pH值，测定土壤的 pH 值。

（2）让学生回家指导家长合理施肥、浇花、移栽植物等。

（3）除去热水瓶的水垢。

（4）熟悉家庭电路，换接保险丝等。

也可以组织部分对自然特别感兴趣的学生结合日常生活和社会实际选择研究性课题进行研究性学习的实践。这样学生在完成家庭小实验、研究课题的过程中，可以体会到失败与成功，领略获得成功的喜悦。同时可将学生的课堂知识与实际生活联系应用，提高他们对生活奥秘的探究兴趣，为培养将来进行科学研究的创新人才打下基础。

总之，探究是一种多侧面，多形式的活动。初中自然的探究教学可以通过各种形式，不断地启发学生思考，调动学生的学习热情，充分发挥其主体性，通过自己的努力去解决一个个问题，翻越一个个知识高峰，达到真正理解和掌握知识的目的，使教学质量得以有效地提高。同时探究教学使学生的思维得以拓展，为培养具有高素质的创新人才打下坚实的基础。

第四章

学生发明创造指导

1. 发明创造的含义和技法

发明创造的含义

发明创造是指运用现有的科学知识和科学技术，首创出先进、新颖、独特的具有社会意义的事物及方法，来有效地解决某一实际需要。因此科学上的发现，技术上的创新，以及文学和艺术创作，在广义上都属于发明创造活动。发明创造不同于科学发现，但彼此存在密切的联系。历史上人们利用科学的方法和方式，通过探索、研究、发现、表达、记录、信息传递交流，制作成为口语、书面信息、涂鸦图案、实物产品、科学技术理论、规律揭示，利用自然界存在的或者隐含的人类未知原理等，制作成为可以供生存、生活、生产、交流、信息交换等具备相当程度科技含量的人类智慧结晶产品，这样的过程就被称为"创造"。

所有创造的开端，都是为了造福人类的科学技术活动。

发明创造的技法

所谓技法就是技巧和方法。技巧是人们经验的总结和提炼，它有助于减少尝试与错误的任意性，节约解决问题所需的时间，提高解决问题成功的概率。

在发明创造的过程中，可以运用以下技法。

（1）缺点法。

缺点法，是指从操作方法、使用对象、功能结构等方面去寻找物品的缺点，通过改正这些缺点来达成创造目的的一种方法。

（2）希望法。

希望法，也称希望点列举法，就是从社会和个人愿望出发，通过列举希望来形成创造目的的课题。这是寻找发明课题的一种常用的方法。

（3）组合法。

组合法，就是将两个或两个以上已有的技术原理或不同的产品，通过巧妙的结合或重组，从而获得整体功能的新技术、新产品的创造方法。

（4）扩大法。

发明技术中的扩大法，就是使现有物品的某些方面数量上变大、变多或者质量上变好。它包括扩大体积、延长寿命和增加用途等方面。

（5）移植法。

移植法是将某一领域或某种物品已见成效的发明原理、方法、结构、材料、元件等，部分或全部引进到别的方面，从而获得新成果或新产品。

（6）拓展法。

拓展法是将某产品不断向外进行拓展思维，所发现的有实用价值的新思维，并将其设计成可操作的工程。

（7）延伸法。

延伸法是在同一个方向上考虑思维下一步的工程。从而把发明不断地推向高尖端。

（8）排除法。

排除法是将所有的错误选项排除在外之后，剩下的选项都是正确的。

专利法保护的发明

中国专利法保护的发明创造分为发明、实用新型和外观设计三类。

（1）发明。

发明是指对产品、方法或其改进所提出的新的技术方案。我国专利法规定，可以取得专利权的发明有两类，一类是产品发明，一类是方法发明。

（2）实用新型。

所谓实用新型是指对产品的形状、构造或其组合提出的合于实用的新方案。实用新型专利只适用于产品，不适用于工艺方法。

例如：关于机床外型的新设计是产品形状的设计；把旧式电话中分开的话筒和送话筒合为一体，是对产品结构的新设计；把改革电话机外型和拨号键盘的设计结合起来，就是对电话机形状和构造的结合作出的新设计。

（3）外观设计。

外观设计是指对产品的外型、图案、色彩或它们的结合作出的富有美感并适用于工业上应用的新设计。外观设计必须附着在产品上，如果离开产品而单独存在，就不能称其为专利法上的外观设计；外观设计只限于产品外观的艺术设计，而不涉及产品的技术性能。

2. 学生创造发明能力的培养

发明创造是科学技术繁荣昌盛的标志和民族进取精神的体现。有学者预言，21世纪将是一个创造的世纪，而迎接这个创造世纪的主人，正是我们那些在校学习的孩子们。因此，对青少年进行发明创造教育，就显得极其重要了。心理学家研究表明，青少年的好奇心正是他们探索世界，改造世界，产生创造欲望的心理基础。通过开展青少年发明创造活动，鼓励青少年去发现新问题，提出新设想，实现新目标，这是培养他们的创新精神，提高他们的创造力的最好途径。

激发学生发明创造的兴趣

有人说成功者与失败者的最大差别就在于他们的意志、信念、思想、精神和行为。而成功在一定程度上却是始于对某一事物的兴趣。可以设想一下，如果一个学生对所进行的活动连一点儿起码的兴趣都没有，那他肯定连想都懒得想，就更谈不上发挥他的主动性了。所以，在学生进行发明创造活动时，要充分激发他们探索科学的兴趣。

（1）引导学生明白，发明创造就在我们身边。

一提起发明创造，人们都觉得很神秘，很高深。大人们觉得那是科学家的事，孩子们觉得那应是大人的事，谁也不愿去想这个"高深"的问题，谁也不愿去揭开这层神秘的面纱。因此，在活动中应首先向学生指出，发明创造离我们很近，它就存在于我们的周围，看得见，摸得着。复杂的不说，单是我们熟悉的用废纸裹铅做成的新型铅笔，其功能与用木材做的铅笔一样，却节约了木材，还不用刀削；用纽扣电池做电源的只有大拇指大小的手电，既方便又实用。这些物品都是发明创造的结晶。发明创造一点儿都不神秘，凡是人们没有做过的，没有想过的事，你做了，想了，就是发明；你在生活中碰到过的不称心，不满意，你给它改进了，就是发明。消除了发明创造的神秘感，就会激发孩子的创造欲望。

（2）引导学生知道，人类社会的发展、延续离不开发明创造。

古往今来，人类社会的进步，离不开发明创造，发明创造与人们的生产、生活息息相关，发明创造是促进社会进步的动力。例如：我国古代印刷和造纸的发明，极大地促进了文化交流；指南针的发明极大地促进了航海事业的发展；火药的发明，使整个世界发生了翻天覆地的变化。今天正因为拥有了诸如大到飞机、轮船，小到汽车、电视等发明创造，才使我们的生活有了新的改变。

（3）引导学生懂得，信心是发明创造的源泉。

尽量介绍学生的发明成果，因为年龄相近，知识水平差不多，容易激发学生的兴趣和信心。笔者就在活动中将全国第一届青少年发明创造比赛和科学讨论会一等奖作品《无泪蜡烛》介绍给学生。普通蜡烛蜡液会沿边缘淌下，污染环境，浪费材料。在蜡烛周围打上45°角，就能使蜡液不致浪费。通过介绍使学生认识到发明创造其实不难，自己要是认真琢磨，也能成为一个发明家。

（4）引导学生坚信，发明创造永无止境。

引导学生用发展的眼光去看问题。知道世界上的任何事物都是发展的、变化的，不存在永远不变的事物。知识和技术也是如此，每一种知识都会随时增添新的内容，任何一项技术都会有更完善的方式。用发展的眼光看事物，学生就会觉得生活中需要我们发明创造的东西还很多，一生巾有无尽的机会。

培养学生发明创造的思维

创造思维可以产生创造意识，而创造意识又是从事创造活动的出发点。要使学生具有科学的创造力，必须使学生具有创造性思维。

（1）培养学生的直觉思维。

"直觉"是人们认识过程中的一种跳跃式的思维形式，它是人类创造性思维的一个重要组成部分，没有一个创造性行为能脱离直觉活动。科学直觉的产生就像许多经验丰富的医生作出的诊断一样，由于他们积累了许多疾病的表现和特征，因此当观察到病人的某种症状时，很快就能开出治病的良方。培养学生的直觉思维应注意以下几点。

①知识和经验的积累。积累多了，尽管可能平时感觉上对直觉思维无意识，但在某个外来刺激或紧张思考后会突然涌现。

②养成思考的习惯。要注意广泛的联想，这是培养和形成直觉思维的一种重要方法。不但新旧知识之间存在逻辑联系的地方需要联想，对超越原有知识的地方也要联想。

③学会集中和合理的调节。集中注意力思考某一问题，使头脑下意识地考虑这一问题，有益于直觉产生；在紧张的学习思考之后，悠闲地放松一下，也容易产生直觉。

④愿意与别人讨论。不论是有意识的还是无意识的交流，都有

利于获得启示，产生创造的灵感。

（2）培养学生的求异思维。

求异思维亦被称为"发散思维"，它的核心是不受常规束缚，竭力寻求变异。可以不受现代知识和方法的局限，不受传统知识和方法的束缚，能多方位，多角度，多层次地提出问题、分析问题、解决问题。

①让学生学会逆向思维。

三国时期，蜀国丞相诸葛亮所用的"空城计"，所用的就是逆向思维法。利用敌人一向认为他是不会冒险的人，反其道而行之，安然脱险。通过这样的事例引导学生明白逆向思维就是为达到目的，将通常思考问题的思路反过来，以背逆常规现象或常规方法为前提，去寻找解决问题的新途径、新方法。

②让学生学会转换思维。

这是一种人们常用的思维方法，是求异思维最普遍的形式，也就是所谓转换角度看问题。当以原来的思维角度考虑问题而不能解决时，转换另一个角度，就有可能把问题顺利解决。

③让学生学会完善思维。

1946 年的电子计算机，主要部件都是电子管，十分笨重，运算速度慢，但是人们不是弃之不用，而是想法完善。用晶体管代替电子管制造了第二代计算机。然后又用集成电路代替晶体管生产出来第三代计算机。使用一些年后，人们感到它还需要更新完善，于是人们发明了大规模集成电路，用来生产第四代计算机，也就是我们现在使用的计算机。生活中没有尽善尽美的事，每一件事都会有这样或那样的不足，你发现了，把它完善了，你也就成功了。

提高学生发明创造的技法

加强案例教学。结合实例向学生传授发明创造技法，如笔者和学生在发明《投影仪遮光板》这个项目之前给学生讲了刘斌小朋友发明的《提醒器》的故事。自行车忘了上锁会被小偷儿偷走，他就把启动报警器的开关设计在自行车撑脚上。撑脚一放下，便接通蜂鸣器。切断电路安在环锁上，上锁的同时线路被切断。这样把撑脚、蜂鸣器、锁"联一联"就成了自行车提醒器。类似的方法如"加一加""减一减"等十余种儿童发明技法，对学生的发明创造都很有实用价值。

合理指导学生进行选题

选题是发明创造的第一步，它决定着发明创造的方向和目标。对学生而言，选题的范围很狭小，所以选题时应尽量本着"小"的原则，引导学生从自己的身边选题。要引导学生观察自己周围的事物，哪些是感到不称心、不顺手及不方便的事物，怎样去改进它，使它更称心、更顺手、更方便，从而选出自己发明创造的选题。选题要力所能及，要看自己的知识水平和能力。选题确定后，指导老师要千方百计地让学生去独立完成，切不可包办代替，这样做尽管进度会慢一些，但却可以培养学生独立的创造精神。

3．训练学生发明创造的途径

青少年是祖国的未来，他们的科技素质和创造能力将在很大程度上决定着民族的命运。因此，必须从小培养他们的科学素质，激发他们的创造热情。实践证明，开展小发明、小创造活动是一条重要有效的途径。

改变传统的观念

一提起发明创造，人们往往认为这是成人的事情，跟学生无关。原因何在呢？我认为一般人之所以不能进行发明创造，是由于他们对发明创造的原理不了解，不会运用。发明创造原理告诉人们，人人都有发明创造的潜力，关键在于如何开发和运用这种潜力。一旦教师、家长和学生知道这种情况后，就不会觉得发明创造是高不可攀的，从而在思想上打消了顾虑，为开展发明创造活动奠定了思想基础。为了鼓励学生参加青少年科技创新大赛，笔者就例举了同校同学发明的摘果机，该摘果机荣获省级三等奖，他是在一个偶然的机会产生发明设想，后制成作品的。受到这个事例的鼓舞，笔者就收到了不少同学制作的小发明和发明设想方案。因此，可以这么说，学生完全可以搞小发明创造，关键在于教师是否会正确地加以引导。

必须符合的标准

发明创造出来的作品的标准是新颖性、实用性和先进性，这三点缺一不可。

新颖性：为了保证发明创造具有新颖性，从事发明创造的人应该查阅技术档案和专利资料，以确保自己的工作不是在简单重复前人的劳动。这对于学生来说具有一定的难度，需要教师的指导。教师首先要让学生在前人的成果上进行"改进性发明"，然后在达到一定的水平后再搞"全新性发明"，这样使学生较容易成功。

实用性：如果一项发明创造搞出来后，对现实生活毫无用处，或者成本太高，就无法向社会进行推广，换句话说，就是没有实用性。这一点教师在指导学生搞发明创造时要特别注意。因为学生想象力虽然很丰富，但往往容易与现实脱节。

先进性：一项发明创造出来的作品必须给人带来便利或节约了资金，才具有先进性。这一点教师在指导时必须引导学生进行纵向比较，然后才能得到结论。

教会学生选题

选题是发明创造的第一步，它决定着发明创造的方向和目标，在一定程度上规定了发明创造的价值和可行性。学生搞发明创造，首先遇到的麻烦是如何选题，主要有以下两点原因。

（1）年纪小，知识少，生活范围窄，信息又少。

如果要求他们超出自己的生活范围和能力去发现问题，搞小发明创造，是不符合学生实际情况的。只有启发引导学生在自己生活周围去发现问题，搞小发明创造才是正确的。

（2）学生不善于观察生活，更不善于发现问题，也就谈不上解决问题了，即搞小发明创造。

教师平时要训练学生留心观察生活周围的事物，从而最终形成观察的习惯，为搞小发明创造创设必要的条件。总之，把那些生活中熟悉的事物有什么不方便，落后的地方提出来，即产生了选题。如有个同学发明的"防烫手热水袋"，就是因为它在用热水袋装水的时候经常烫到手，于是就分析了原因，把原来的热水袋加以改进。因此可以说，选题并不难，只要留心生活中的事物，有什么不太"对劲"的地方，然后再分析原因，也就产生了"选题"。

教授发明创造方法

常用的发明创造的方法有缺点列举法、联想法、移植法、偶然发明法、逆向思考法等。运用这些方法的目的在于提出创造性的设想和方案，一旦创造性设想和方案产生，就可进入验证和实施阶段，最终才能形成一件发明作品。如有位学生利用缺点列举法发明的防流水菜板，就是看见妈妈在菜板上切菜时水经常流到地上，然后利用这个缺点而产生了发明设想。所以说，让学生掌握一些常用的发明创造方法非常必要。

克服发明创造的障碍

由于发明创造涉及的面较广，事先很难预料，再加上学生自身的特点，肯定会出现或多或少的障碍，主要表现在以下几个方面：思维定式、知识面窄、信息饱和、自我过高要求、制作（包括设计、材料）等。解决这些问题的方法如下。

（1）作为教师就要使学生在平时打好知识基础的同时，尽早参与发明创造活动，从中积累经验，逐渐了解发明创造的原理。

（2）学生在搞小发明创造过程中，如果遇到问题，教师要加以启发，但千万不能包办。同时注意发挥集体的力量，即共同研究、互相启发、相互补充。

（3）要经常进行发散性思维训练，从而使学生的思维活跃，不呆板。如有位学生发明的"书式黑板"，最初她是根据宾馆的旋转门而想发明一种旋转式黑板，但是放在教室里，就不切实际了。后来，教师根据书的制作方法来启发她，从而发明了"书式黑板"。以上事例告诉我们：学生在发明创造过程中一但遇到自己不能解决的问题，只要教师加以适当的引导，就一定会成功。

4．培养学生创造思维的方法

小发明活动的选题主要来源于日常生活和学习用品。学生容易发现其缺点和不方便处，然后想办法改进，或对前人没有想过和做过的事，大胆地设想和创造，就能产生小发明成果。学生通过小发明从而产生成就感，激发创造潜能。小发明活动作为提高学生创造能力的一个重要途径，对于培养学生的创造精神、创造性思维和创造个性起着极其重要的作用。对于培养未来科技人才以至提高全民族的创造能力也是十分有益的。

激发学生的创造欲望

提到创造发明，人们必然与张衡、蔡伦、爱迪生、瓦特联系起来，认为发明创造是发明家、科学家的事，普通人是搞不出发明创造的。学生也无一例外地认为创造发明就是从无到有，凭空想象制作一样有用的东西出来，而且必须惊天动地。学生对创造发明怀着神秘感、神圣感，也充满着自卑，决不相信自己能搞发明创造。因此，要搞好发明创造活动首先要打破创造发明神秘论和消除学生的自卑感，激发学生对发明创造活动的兴趣和欲望。

在教学过程中，教师要时时通过浅显生动的方式激发学生创造发明的兴趣，还可以把学生自己的创造发明作品和得奖情况进行展示，通过这些典型事例的介绍，使学生明白发明创造并不神秘，并不高不可攀，发明创造就在我们身边。教师也可以经常引用教育家陶行知的一句话"处处是创造之地，天天是创造之时，人人是创造之人"来鼓励学生参与创造发明活动。在教师的引导下，原来对发明创造不感兴趣的学生充分认识到了发明创造的作用，产生了"别人能做到的，我为什么不能"的创造欲望，试一试的念头也油然而生。学生对发明创造的兴趣被充分激发出来。爱因斯坦有句名言"兴趣和爱好是最好的老师"，学生的兴趣浓了，教师就能因势利导，充分发挥学生的积极性和主动性，把学生引入创造的天地。

注重学生创造思维训练

创造思维是发散思维与聚合思维的有机结合，发散思维是构成创造思维的最重要成分。因此，培养和训练学生的创造思维，就要着重训练学生的发散思维与聚合思维，特别是发散思维。同时，也应通过集中—发散—再集中—再发散……的思维活动过程培养学生的集中思维的逻辑性与严密性。

比如，教师在训练过程中，让学生讲出钢笔的更多作用，一开始学生只讲钢笔能写字、可以画画。这时，教师就启发引导学生，把自己的思维扩散出去，想象还能再找到些什么用途，或把钢笔改一改会有什么新的用途，学生的思维一下子就会活跃起来，说出钢笔更多的作用。比如，我们展示一支筷子或在黑板上画一个圆，问学生这是什么，在学生只表面说出这是什么的基础上，引导学生把思维扩散出去，产生更多的联想。这样通过一段时间的锻炼，学生的扩散思维和想象能力就有很大的提高。

在课堂教学中注重对学生创造思维的培养。在教学中，教师可以经常提一些开放式的问题，或者提一些有争议的问题，给学生思考的空间，让学生的思维活跃起来，发表自己的见解，或课后进行探索研究。这是思维训练的有效方法，而且这个方法可渗透于各学科。

在教学中提倡学生自由思考，大胆想象，灵活变通，使学生不仅习惯于单向思维，而且善于进行逆向思维、多向思维。有时候在上课之前，先给学生做一些脑筋急转弯或一些智力题。这样，一方面使学生的上课兴趣得到提高，另一方面使学生的思维得到锻炼。布置一定量的具有创造思维的作业，也是开发学生创造思维的有效途径。教师可以利用节假日的时间，布置一定的作业，如爱鸟画的设计、玩具的设计、漫画的设计、小报／板面的设计、利用废旧物品制作一些小玩具等。这样既丰富了学生的课余生活，又使学生的思维得到锻炼。

教师在指导学生进行创造性思维实践的过程中，一应尊重学生的首创精神，爱护他们的积极性，鼓励他们"异想天开"，不求一开始就成熟；二应支持学生大胆实践，学中干、干中学，逐步总结提高，不求一下子就成功；三应指导学生选准重点，总结提高，做到有所取舍，集中集体智慧，不求一揽子都解决；四应欣赏学生，不但欣赏成功，而且欣赏错误。

5．学生实施发明创造的步骤

小发明是校园科技活动的重要组成部分，也是全国青少年科技创新大赛的比赛项目之一，其内容广泛、趣味性强，深受中小学生的欢迎。小发明活动又是提高学生创造能力的一个重要途径，对于培养学生的创新精神和实践能力起着极其重要的作用。当你具备了一定的发明创新的方法后，还要在开展小发明活动中做到：勤积累、多观察、巧动手、善交流、精制作、巧命名。

勤积累

积累和掌握一些基本科学知识和技能是小发明的重要前提，要利用课余时间阅读科普书籍，做好学习笔记，通过运用再学习就能逐步提高科技能力，为小发明的开展奠定基础。好的习惯决定人的一生，为培养学生的良好习惯，笔者建议的做法是准备一个小本子，命名为"灵感集"，当灵感产生时马上记录下来。美国心理学家研究得出灵感产生于大脑，只能保存 3 秒钟，好的灵感不记录下来，到用时是无法找到的。还可以要求学生自己每天提出几个问题，一周后反思归纳，选出具有研究价值的问题，再进行探讨研究，也许就能找到发明的素材。

多观察

小发明的选题主要源于日常生活和学习中，要建议学生多观察生活和学习中的不便，选择各种来自身边而又有研究价值的实际问题进行探索、构思和设计，然后实施验证，最后形成结果。让学生把自己的想法说出来，即使有许多奇特而不切合实际的幻想也是很正常的，人类的发明创造就是在前人幻想的基础上实现的。学生的观察力是多角度的，不要把教师的思维强加给他们，让他们自由地发挥，就会有惊喜的发现。

巧动手

有了好的发明设想，还必须亲自动手制成样品，许多设想、方案经过反复修改，便认为很完善，似乎是可行的。但一付诸实践，就会出现一些意想不到的缺点或解决不了的实际问题。所以，一件小发明还应先动手制成样品，在制作过程中对方案进行修改、验证，发现问题及时解决。如不能解决的还要提出改进意见。

善交流

让学生把想法、设计方案及制作中出现的困难讲出来，既能营造一个小发明的浓厚氛围，又能在分享成功快乐的同时，对学生的设想方案提出修正的意见、建议，集思广益，使作品更加完美。

精制作

学生制作的样品应尽可能精致。从参加第二十二届科技创新大赛展品看，以前所有作品都太粗糙。当发明已经定型时，最好不要怕麻烦，应尽可能地选择好的材料，精心进行制作，把以前制作中存在的问题（美观性、灵活性、制作工艺等）进一步改进，甚至可以请一些专门的生产人员利用比较先进的工艺，加工得更加精致。

巧命名

给发明作品取一个很时尚的引人入胜的名字,会使作品增色不少。这个名字既要能概括作品的特点，又能引起人们的注意，特别是引起评委的注意，作品就成功了一半。

6. 指导学生发明创造的技巧

学校的发明创造教育活动是指教师运用创造教育理论引导学生学习掌握简单的发明方法和技巧进行发明创造，从而培养学生的创新意识、创新精神、创造思维、创新能力及个性品质，促使学生形成良好的创新素质。

营造发明创造氛围，激发小学生发明创造兴趣

兴趣是最好的老师。在对学生进行发明创造教育时，营造一个"处处是创造之地，天天是创造之时，人人是创造之人"的氛围是

非常有必要的。笔者所在学校在"科创"教育活动中，通过组织开展"小发明信箱""创新方案设计大赛""奇思妙想""金点子创意""亮眼睛行动""红领巾发明俱乐部""讲科学家发明家的故事"等活动来激发小学生的发明创造兴趣，营造人人争做"小问号""小发现""小能手"的创新氛围，引导小学生在丰富多彩的实践活动中发现问题、研究问题、解决问题，在探究的过程中获得实实在在的收获，让他们体验到"处处是创造之地，时时是创造之时，以幻想为快乐，以创造为光荣"的发明乐趣，为学生创新意识和能力发展提供一个校园大氛围。同时，利用课堂对小学生进行教育，教学效果的关键也在于在课堂学习中创造性氛围，如果教师能够很好地引导学生积极思考，敢于表达自己的见解，会使其创造潜能得到最大限度的发挥。所以，教师在教学中应注意激发兴趣，鼓励学生探索求异，为学生营造一个充满创造性的课堂氛围。

让学生充分理解创造力与知识的关系

教师在引导学生进行创造发明之前，必须让学生明白：没有深厚的文化基础知识就不可能有所成就，也不可能成长为高素质的创新人才。并从两个方面引导学生：一方面要求每个学生必须掌握和理解一些发明创造的基本方法和技能，如缺点列举法、组合发明法、联想发明法、实例发明法、移植发明法等；另一方面要求学生学会思考，要密切联系生活，并运用所学发明创造的知识巧妙解决自己生活中遇到的难题。对于那些爱好发明创造而不太注重文化知识学习的学生，教师可以引用一些案例故事教育他们，如发明家张开逊教授走向成功之路的经历：张教授之所以能成为当代世界上很有影响力的发明家，是与他渊博的知识分不开的。也就是说，发明必须以扎实的文化知识做基础，现代杰出创新人才必须是知识渊博者。

多种形式结合，调动学生学习积极性，发挥主观能动性

受年龄和知识掌握情况决定，小学生尝试进行发明创造时最困

难的是找到好的选题。如何帮助学生确定选题？笔者认为教师在课堂引导时不能采用传统的教学方法，只凭一张嘴、一支粉笔、一块黑板来讲授，这样学生会感到枯燥乏味；教师应利用自己熟悉的优秀发明作品，引出问题，创设情境，活跃课堂气氛，吸引学生积极参与。如笔者在讲授"联想发明法"时，特地设计了"用联想发明技法进行发明选题"的活动课，先展示一些学生的优秀小发明作品，用幻灯片在屏幕上投影出这些作品选题产出的大致过程，让学生根据自己的生活经历，联想出一个或几个发明课题，再将部分学生联想获得的选题用幻灯片展示在屏幕上，让学生思考，进行第二次联想活动。经过几次反复，每位学生的课题都得到了展示，便让学生根据自己的体会，总结出"联想发明法"的要领。这样，人人享受到了成功的喜悦，课堂主体作用得到了充分发挥，学习发明创造理论的热情更加高涨，也为小学生进行发明创造活动时探求选题指明了方向。

注重思维训练，促进学生创造性思维的发展

开展小学生发明创造活动，对于训练学生的创造性思维能力有非常大的作用。在活动中，教师要特别注重对学生进行系统的思维训练，如进行发散、想象、联想、类比、组合等思维的训练，以促使学生创造性思维的发展。通过训练，重点帮助学生掌握创造性思维的两种方法，即充分发挥想象力，突破原有知识圈而产生新设想的扩散思维方法和通过分析、比较、推理等手段，寻找最佳答案的集中思维方法。鼓励他们打破常规，多方联想，以启发式调动其"灵感"，激活他们的创造思维，直至达到"入迷"的境界，渐渐形成自己的创新思维方式，并获得好的思维成果。例如：有同学发明的"紫外线杀毒马桶盖""多功能的饮料瓶"等，就是他们通过观察生活中的自然现象受到启发，通过联想思维方法获得的创新成果；还有同学发明的"隐形可伸缩乒乓球网""桂花采集装置"等，就是他们运用逆向思维技巧获得的好成果；而有的同学发明的"安全雨衣""姊妹小鼓棒"

等，则是他们利用组合思维方式获得的优秀成果。

帮助学生消除畏难情绪，使学生树立发明创造的自信心

小学生由于受各种条件和能力的限制，发明创造对于他们来说，比中学生要困难得多。这些年来，笔者一直注意采用多种形式帮助学生消除"发明创造高不可攀"的畏难情绪，树立"别人能做到我也能做到"的坚定信念，启发他们注意观察身边事物，从学习、劳动和生活中寻找课题，然后鼓励他们大胆创新和发明。学生在课题实施中遇到困难，难免会产生波动情绪，这就需要辅导教师细心引导，抓住时机进行适当的引导与学生共渡难关，应及时激励他们："这个难题你一定能够解决好，多想想便可突破！"学生听了之后自信心猛增，很快便进入了独立解决难题的兴奋状态，并通过不断努力，最终找到解决难题的好方法。从而有效地培养学生的创新毅力，为学生完成自己的发明作品做好坚实的后盾。

小学生发明创造活动是一种实践性很强的活动，教师要从学生生活实际考虑，合理安排其实践的广度和深度，否则就会走人发明创造的死胡同。这些年来，笔者从培养学生创新能力的需要着手，联系生活组织学生进行了一系列的发明创造实践活动，使小学生的发明创造能力真正获得提高。例如：运用调查法、参观法、情报分析法、专利检索法等寻找发明课题的实践；运用组合法、移植法、智力激励法、逆向构思法等进行解题的实践；运用废物利用、教具改革、学具创新等进行动脑动手相结合的实践；应用实例发明法改进原来发明作品的不足的实践；等等。

总之，作为一名小学生发明创造活动的辅导教师，只有自己在教育教学工作中不断创新，努力探索辅导学生进行发明创造的方法和途径，才能提高学生的发明创造能力，才能使学校的科技教育上升到一个较高层次，真正使学生的创新素质得到培养。此外，培养小学生的科技发明创造能力不只是学校和教师的任务，也要靠社会和家长的

大力支持。这样，才能为学生创造一个更好的发明创造环境。相信通过对小学生从小进行的发明创造教育，将来他们一定会肩负起历史的重任，成为一名合格的建设型人才。

7. 强化学生发明创造的措施

培养创造型人才，尤其是要培养从事发现或发明活动的创造型人才，就必须要培养他们娴熟地掌握和应用发现的方法或发明的方法。在活动中，适当地开展发现方法与发明方法的训练，遵循正确的途径可以使发明变得简单、易行。常用的发明方法有以下几种。

偶然发现法

顾名思义就是偶然的发现，如果你对偶然的发现、突发奇想不去思考，这些发现、奇想就会像闪电一样一闪即逝，不会有什么结果。但是我们必须明白，现实生活中的所有现象都有它存在的道理，偶然出现的事物也有它的道理，只要我们抓住不放，那就可以通过它发现这些道理搞出一些发明来。

水龙头对于我们来说是最常见的，好像没有什么可发明的，但就是有人在水龙头上大做文章，搞出了发明——他就是昆明科技有限公司经理姜立人发明的"向上喷水的水龙头"，他的发明就是突发奇想的结果。在一次淋浴时，他拿着淋浴喷头为自己冲澡时，淋浴器喷出的水直接喷在了他的脸上，他觉得"好舒服呀，哎，平时洗脸时也这样喷一喷多好"。于是他开始研究，终于发明出了"向上喷水的水龙头"。经过试验，使用这种水龙头洗脸时的用水量只有平时用水量的 1/5，能够节约大量的水。他的这一产品已经远销欧美等地的 30 多个国家，实现了产业化。

联想发明法

有的发明，是靠联想成功的。如有一位学生发明的"售票窗口防盗镜"就是一个典型的联想发明的例子。俗话说"说者无心，听者有意"，他的一位叔叔从外地回来和他爸爸在闲谈中，说这次回来在车站买票时被小偷儿掏了腰包。站在衣柜前打红领巾的他，从镜子中看到身后的一切物品，由此他联想到能否让镜子把身后的人物反射到购票人眼前，起到警示作用。后来，经过他多次的实验，在教师的指导下，终于利用镜子的反射原理发明出了"售票窗口防盗镜"。

挖掘潜力法

挖掘潜力法就是破除守旧观念，注意被忽视的事物，使物尽其用，说白了就是变废为宝，一改多用或一改它用。在变废为宝的同时，使其更加环保，更加节约资源，更加经济。例如，用废报纸生产铅笔的发明者刘玉春原是一名记者，他发现出版社每天有大量的废旧报纸，在他外出采访的过程中，也发现各机关单位有大量的废旧报纸，他利用工作之便做了大量的调查。终于下定决心辞去了工作专搞发明，终于经过七年的艰苦努力，他发明的用废报纸生产铅笔获得了成功。在每年为国家节约大约 50 万平方米林木的同时，实现了产品的产业化。产品也进入了欧美市场，带来了巨大的经济效益，真正实现了废纸换美元的目的。

移植发明法

移植发明法也可称转移发明法或稼接发明法。就是把已知的原理或熟悉的部件，运用到新的发明上来，这种技术上的移植，是发明创造的一条重要途径，而且往往是一条捷径。

比如汽车是现有的，太阳能电池是现有的，那么把太阳能电池运用到汽车上即成为太阳能汽车。这即是成功的事例。四川的白新城同学就是根据吸尘器的原理，加上黑板擦，发明出既能擦黑板又能吸走粉笔灰的"迷你袖珍吸尘器"，它还可以用在生活的许多地方。

列举发明法

既有对其希望的列举，又有对其缺点的列举。

有很多东西，当人们看惯了，就会认为没有什么值得改进和发明的，可是如果用新的眼光去看它，同一个事物，就会有不同的看法。当我们看身边使用的东西，有什么不方便、不顺当、不如意的地方，它的缺点如何克服，克服的过程即是发明的过程。经过改进，缺点克服了，新的产品出来了，新的发明也就成功了。或者人们对身边的事物可能有一些希望，当这些希望得到实施以后，发明也就成功了。

如有的学生提出设想，能不能发明"多功能手杖"，他想，老人用的手杖能不能增加其他功能，变成坐椅，使老人在行走的同时能够坐下来休息。这些设想的提出，都来自对生活的观察，对生活的热爱。这在培养学生发明创造的同时，也培养他们服务于人，服务社会的良好品质。

适应需要发明法

了解身边有什么需要，也是寻找发明目标的重要途径，经过仔细观察，充分调研，抓住生活、工作、学习中的某些需要，下功夫进行研究，就能创造出受人欢迎的产品。青少年参加科技活动，不是在进行真正意义上的科学研究，而是学习科学研究的方法，是接受科学教育的过程，因而提倡青少年要从自己的学习生活和社会生活中选择题目，也就是要研究身边的科学，探索身边的奥秘。

日本人安藤每天都看到许多人在车站旁的饭馆前排队，等着吃热面条。有一天，他突然灵机一动：如果能生产一种"只用开水一冲就可以吃"的面条，估计居家旅行者都会愿意大量购买。于是，他毅然决定了开发"方便面条"的发明课题。安藤马上投入发明试验。他买来一个轧面机，为了实现"方便、简易"，他想到"油炸"，这样，可以很快就把面条炸干，便于贮存。面条在油炸后自然会出现很多细孔，这些细孔在热水浸泡时起到吸水作用，可以使方便面很快变软，油炸后的面条味道还会更好。在这期间，他还发明了添加调味料的方法，使自己的方便面味道鲜美、可口。经过长达 3 年的苦心钻研，安藤终于研制成功了"鸡肉方便面"。现在方便面已经成为我们日常生活的一部分了。

思维风暴法

思维风暴法是美国创意思维大师奥斯本提出的一种寻求发明创造的方法，要求通过特殊的会议，使参加者相互启迪，引起创造性设想的连锁反应。

检核表法

检核表法就是利用分析借鉴，看一个创意能否他用、能否借用、能否改变、能否扩大、能否缩小、能否替代、能否调整、能否颠倒、能否组合。

8．创造发明中师生合作的智慧

学生是创造发明的主体，教师是创造发明活动的指导者。作为辅导教师，应该充分认识到学生是创造发明的主体，在开展活动中教师不能包办、代替。教师不是课题的批发商，学生的创造性和洞察力是课题的真正源泉。课题的发现本身就有助于发展学生的创新精神，培养学生发现问题的能力。这就要求教师处理好与学生在创造发明中的位置关系。

教师是探索活动的组织者、服务者

当你和学生一起面对课题时，你不再是知识的辐射源。你是学生创造发明的组织者、服务者，要善于给学生搭建一个创新活动的平台。着重帮助解决研究所需要的资源问题。课题研究活动必须为发展学生的"天才行为"，促进拔尖人才的脱颖而出做出贡献。教师应当为更多青少年新秀脱颖而出、健康成长创造更多机会和条件。让他们在学习、交流、展示、竞争、拼搏中成长成熟，早日成为建设祖国的栋梁之材。如果一味地追求比赛的高成绩，以教师的智慧替代学生，那么可能会得到一时的荣誉，然而却抹杀了学生的创新思维，最终也将失去教育的真正目的。

教师是科学方法的示范者、导航者

在学生发现问题、提出问题的基础上，重视对学生研究方法的指导，这是研究型课程的中心，其目标是教会学生怎样去研究。学生应在教师的指导下，尝试解决问题，在解决问题的过程中，教师要善于创设脚手架，替他们搭建解决问题、合作交流的平台，引领学生创造奇迹。培养学生解决问题的能力，同时要提醒学生少走弯路，少做一些无用功。研究出现一些意外时，善于引导学生把握转机，教师的辅导要做到"到位而不越位"。尽量让学生感觉到是自己在发现，同时要做个日常的呵护者、辅导者。教师应与学生合作展示问题解决的全过程。

学生作品的欣赏者

对于学生的作品，无论好与坏，都要给予足够的重视，对学生给予高度的评价，并且对学生作品进行面对面的讲评，指出作品的优劣，启发改进思路。大家一定知道爱迪生小时候做凳子的故事，就是那个做得很糟糕的凳子，也是他的最佳创作。当我们面对这样的作品时，呵护一个具有创造精神的心是最重要的，只有这样才能更激发起学生的创作欲望，使学生获得成功的体验，也更能有效地开展创造发明活动。

情感的激励者

鼓励比参与更重要，要真正成为学生"灵魂"的工程师，善于运用评价技巧，激励学生主动发展。只有对心灵力量有信心的人，才能达到成功。

9. 学生发明创造应注意的问题

让学生知道发明创造有什么用

发明创造是很伟大的，人类就是依靠发明创造才懂得使用工具，才懂走出洞穴成为现代人，才懂得使用火把，把光和热带给人间。发明创造使人类的许多幻想变成了现实，如卫星上天、火箭升空、飞船登月、克隆动物，这些都是人们依靠发明创造实现的。我国载人航天飞船成功发射并顺利回收，圆了中国人千年的飞天梦想，靠的也是发明创造。

激发学生发明创造的理想。有学生想发明一种飞行服，穿在身上就能自由自在地漂浮在空中；想发明一座能悬浮在白云间的华丽的别墅。发明创造的多彩光环处处闪烁，编织着一幅又一幅璀璨的图画，也许再过几十年几百年，如今的电灯、电视机、汽车、火车、飞机、电脑统统成了博物馆的古董，那时的孩子们会指着这些东西说："那时的发明真不错！"

破除创造发明的神秘感

在人们的心目中，发明创造是最神秘的事情，许多人连想都不敢想，更谈不上"高攀"了。举一些我们身边的发明创造的例子：眼镜、漏勺、笔筒、手电、腰带、口红……都是发明创造。说明发明创造无论大小都是伟大的。要增强同发明创造打交道的勇气和信心。

鼓励学生从小发明开始

常言道："万事开头难"，发明创造开头更难。学生学创造要从小做起，先搞一件小发明，小创造。小发明到底小到什么程度呢？如多用回形大头针，就曾经获得全国第八届青少年创造发明比赛小学组二等奖作品（江西南罗右营街小学三年级学生）。

发明创造依托"三力"

培养三种基本能力即观察力、想象力、分析能力。

（1）没有观察就看不到问题，没有问题就没有革新的对象。

例如小发明"卫生跳绳袋"，这件作品获全国发明创造比赛小学组二等奖。观察不仅仅是看到了什么，而是要从看到中想到什么。

（2）增强想象就在于摆脱习惯思维对自己的束缚。

学生要做到敢想、多想、联想、广想、幻想、深想，让创造的思维随心所欲，自由奔放，例如就洗脸异想天开：想象一种具有消毒功能的洗脸盆，想象一种能调节水温的洗脸盆，想象一种可悬浮起来的洗脸盆，想象一种可呼之即来挥之即去的洗脸盆，想象一种能使洗脸水变清洁而重复使用的洗脸盆，想象一种可大可小的洗脸盆，想象一种无形洗脸盆……想象的价值在于超越现实，超脱平凡，如果说创造力是射向未来的利箭，想象力就是箭头。

（3）提高学生的分析能力。

例如，有人想发明一种磁性笔，方便仓管员使用。产生了磁性笔这一发明构思后，接下来要引导学生分析，一是分析磁性笔的设计和制造问题；二是分析磁性笔的使用价值。正确的分析才能把发明设想引到科学创造的方向上来。

发明创造抓住"三性"

（1）新颖性。

指前所未有或与旧不同的事物。比如有个学生想发明一种"带护手罩的炒菜铲子"，如果这件作品是前所未有的，就具有新颖性。又如摩托车电热防风衣，与一般防风衣有所不同，也具有新颖性。对学生作品的要求是较低层次的，主要是"小创造"。

（2）先进性。

指的是同类事物相比，在某一方面或某些方面，甚至整个方面进步的事物。例如有学生设计的多功能手杖不但保持了传统手杖的功能与使用习惯，而且还可以作为机械手使用；还具有照相、紧急呼救等功能，手杖还设有急救药品盒，与传统手杖相比功能齐备，整体都领先于现在的各种手杖。

（3）实用性。

指能被人们理解、接受、有使用意义（价值）的事物。例如设计一种"夜光绳"，人们在日常生活中有需要，现有的条件也能制造出来，这种"夜光绳"就具有实用性。

学生创造发明立足"三小"

（1）小目标：有个学生，他要发明一种能伸出两个指头的棉手套，以便书写。还有一位学生她要发明一个线团盒，打毛衣时把线团装在里面，避免线团掉到地上滚脏。这两个小朋友的发明创造目标是小目标，小目标容易实现。

（2）小问题：小问题就是发生在身边微小的、人们不易觉察的问题，比如，在屋里擦玻璃时，玻璃的外面擦不到；在厨房拿油瓶，手上总是黏糊糊的；洗澡时，香皂没个合适的地方放……这些都是小问题，像这样的小问题生活中处处都有，无时不在，人人都可能碰到。只有时刻留心身边的小问题，才会从中发现创造的小目标。

（3）小设计：比如有个老大爷每天都要坐在沙发上看报纸杂志，茶几上又放满了茶具，报纸杂志看完了无处放，老大爷的孙子总想给爷爷解决这个小问题，于是他应用主体附加的方法，在沙发侧面附加了一个兜子，专供爷爷放报纸杂志。这就是发明创造的设计，小设计就是解决小问题的。

发明创造围绕"三具"

学生开展创造发明活动，可以从改革劳动工具、学习文具、生活用具开始实践，因为这些是你们熟悉常做常用的物品。

（1）劳动工具。

劳动工具有很多，比如锤子、剪刀、锯子、扳手、铁锹等。在使用这些劳动工具时总有不得心应手之处。比如在清洗浴室时，由于部位不同，往往需要的工具不同，要是设计一种该直就直、该弯就弯的拖把，即"可弯曲的浴室拖把"也是一种发明。

（2）学习文具。

学习文具大家更熟悉，例如文具盒、铅笔、直尺、三角板、卷笔刀、圆规等学习中使用的各种文具。各种各样的文具都值得大家动脑改进，哪怕只是很小的一点小改进，比如改进一下卷笔刀刀片的角度，改变一下卷笔刀削笔的方法，增加尺子的一项功能等都属于创造。

（3）生活用具。

人们日常的生活用具可谓五花八门，桌、椅、碗柜、梳子、小镜、牙刷、指甲剪、勺子、床、钟表、暖水瓶等。其实生活中的每一件物品都可以再变一变，再改一改。如衣架就可改成可升降的衣架；可变形的衣架；防风衣架；折叠式移动衣架。又如用梳子梳理头发后，在梳齿间的头发和污垢不易清除，把梳子弄得很脏，这也是可以改进的地方。

劳动工具、学习文具和生活用具，这"三具"是指导学生进行发明创造的广阔天地。只要指导学生留心观察，用心思考，总有一天会在这"三具"上做出发明创造的。

尝试发明创造的方法

（1）"加一加"创造法。

是在原有基础上加一些物体、时间、次数、重量或者将两个事物组合在一起形成新的事物的制造方法。

运用"加一加"进行发明创造，常常可以把物与物加或把事与物加，或把事与事加。

①物与物加就是把不同的物组合起来，如笔筒与钟表、鱼缸与盆景、放大镜与镊子、拖鞋与刷子、跳绳与计数器、门锁与拉手等。

②事与物加就是把不同的事和不同的物组合起来。例如，音乐与皮球、猜谜语与雪糕、保健与电吹风、保健与梳头、庆祝生日与音乐贺言卡等。有位小朋友发明了一种"枕头叫醒机"。

③"事与事加"就是把不同的事组合起来。例如，气象与医疗，京剧与魔术，就餐与洗衣，教学与旅游，等等。事与事加，就是不同的事互相渗透，互相利用，把两种不同的事融合一体，达到一件事包含两件事的目的。

（2）减一减。

"减一减"就是考虑可以在某些事物上减去些什么呢？可以减少环节吗？可以减轻重量吗？可以减少体积吗？

①少环节：什么是减少环节呢？例如，有一个小朋友发明了"只拧一颗螺丝的新式锁扣"。

②减轻重量。

例如，有位小朋友发明的"家用管道疏通器"，原来全部用金属材料，后来改为特大部分零件为尼龙材料，重量大大减轻，使用起来更加得心应手。

③减少体积。

什么是减少体积呢？有些发明创造本身就有体积上的限制，不能太大，也不能太小，像圆珠笔的笔杆、衣服上的纽扣、订书钉、菜刀、手表等。

例如，学生发明尖头鞋刷。

（3）变一变。

主要有：变原理、变结构、变材料。

①什么是变原理呢？例如，根据螺旋千斤顶"变"原理，发明设计了液压千斤顶。

又如有学生发明了作品"按扣开关"。

②变结构：

什么是变结构呢？例如，一般沐浴器只有一个喷头，而有位小同学发明的多功能沐浴器把喷头分别换成海绵、刷子……

③变材料：

什么是变材料？例如，我国的象棋曾以铜、象牙这样的材料做棋子，后来以木、瓷、塑科学材料来代替，在原理和结构不变的前提下，用其他材料来替代原来的材料。

又如饮料瓶盖里面的垫片，以前是用橡胶制成的，后来用低发泡沫塑料片代替，节省了大量橡胶。

（4）反一反。

任何事物都同方向有关，方向、方法、用法，一旦成为人们的既定思想、常规知识和习惯行为，就很难改变。大家如能对此进行"反一反"，把方向反过来，把方法反过来，把用法反过来，说不定某个事物经过这么一反，就会有新意、出奇效、产生发明创造。

"司马光破缸救人"是由"人离开水"，颠倒过来，变成"水离开人"。于是，他搬起石头破缸，使水流出来，让小朋友得救了。

英国科学家法拉第，把"电转变成磁"颠倒过来，实现了"磁转变成电"，发明了世界上第一台发电机。

指导学生学习运用"反一反"的方法开展小发明，可以着重从三个方面加以引导：

①反方向；

②反方法；

③反用法。

指导过程中应注意的其他几个问题

（1）要注意谋求发明创造的巧，而不是高精尖。

（2）要注意引导学生进行一些系列化的设计。

如：椅子系列、衣架系列、各种各样的卷尺。

（3）要善于发现学生发明创造的闪光点。

从学生幼稚的想法、甚至是幻想中去发现学生发明创造的闪光点。

（4）要注意解决学生制作过程中的各种困难。

如：材料、工具、仪表、工艺、制作、解说等困难。

（5）有些作品可以反复加以改进。

多角度加以改进，选择出最佳方案。

（6）要注意把握教师指导的度。

主要是方向、方法的引导，要注意引导学生自己去探索，充分考虑学生活动中的各种需要和可能，以及可能出现的困难。适度指导，恰到好处。不要包办代替，甚至以教师的思维代替学生的思维。

（7）多看相关报刊、杂志，了解相关信息，扩大视野。

10．扫除学生发明创造障碍的方法

"加强科学技术普及教育，提高全民族，尤其是青少年的科技素质，已成为持续增强国家创新能力和竞争力的基础性工程"。新课程标准对素质教育提出了要改革以前"重知识灌输、轻创新精神和实践能力培养的倾向比较严重"的弊端。"创新是一个民族进步的灵魂。"由此可见，提高青少年的科技素质、培养学生创新精神和实践能力具有很大的重要性。

在学生中开展小发明、小创造活动是提高青少年科技素质、培养学生创新精神和实践能力的一条非常重要的途径。但一提起发明创造，人们往往会说这是科学家、工程师等专家的事情。对于普通群众，特别是才进入学习阶段不久的学生来说，创造发明似乎显得更是神秘，可望不可及，发明创造真的这么难吗？

我国伟大的教育家陶行知先生说过："处处是发明之地，时时是发明之时，人人是发明之人。"其实这也就是说，发明创造人人都能进行，只不过是发明层次不同而已。那么，问题又出在哪里呢？就出在人们对创造发明的障碍尚未认识到，也不能自觉地加以克服。笔者通过探索、研究，发现了原来学生在进行小发明、小创造时，会经常受到心理、思维、技能和时热四个障碍的影响，只要扫除这四个障碍，小发明、小创造活动就会开展得如火如荼，否则活动开展起来只能是事倍功半，甚至是徒劳。

那么学生在小发明、小创造之路上的这四个障碍是如何产生又如何扫除呢？

扫除心理障碍

所谓心理障碍，就是认为发明创造很神秘，不是自己能做得了的事，是科学家、工程师等专家的事情，或者说根本不知道发明创造是什么。该障碍形成的原因主要是人们的一种从众、定势的心理影响，认为只有搞科学的人才有能力进行发明创造，其实发明创造就在你我的身边，发明创造处处皆有、人人皆行，日常生活中谁都会有些想法，这些想法就有可能成为发明创造。

心理学研究表明：教育要适应受教育者的心理发展水平，实际上也就是教育要适合受教育者的心理，使受教育者能够接受、掌握教师所教的知识、技能等。因此，一开始不要告诉学生要开始学习如何进行发明创造，而是结合学生较熟悉的事物对学生进行无意识的引导认识，尝试最浅显的改进性发明的认识，这类发明学生容易接受，创作也容易成功。

例如，教师刚开始不要告诉学生是学发明知识，而是像平时课堂提问一样，问学生：

"你们每天学习都要用到哪些文具，这些文具用起来有没有不方便的情况呢？"

这时学生会七嘴八舌地发言："我的笔有时写了一会儿，突然没水了。"

"我的文具盒经常往地上掉。"

"我喜欢看书，但经常碰到一些不认识的字，查字典又耽误时间，影响阅读！"

……

随着大家的问题越来越多，教师可以趁机选中一个较容易解决的问题："文具盒放在桌面上，确实容易掉下，那么有没有办法使它不容易掉呢？请大家回去把自己想到的办法写下来作为作业交给老师。"

接下来第二课堂，教师选中学生中提出的一些可行性的办法，如"制作课桌时，在桌面上安置一块磁铁，文具盒（铁制的文具盒）会被吸在桌面""在文具盒的底部加上吸盘（桌面是光滑的）"等方法，与学生一起探讨，请大家点评是否行得通或者问还有没有其他办法，这样学生又在不知不觉中对各种办法提出了自己的见解，还想出了其他办法。

最后教师告诉学生们："你们想到的办法，制成实物或模型就是小发明。"

学生一听，顿时欢呼道："原来小发明小创造这么简单啦，我也能行。"经过多次这样的探讨，使学生们知道：凡是别人没有做过、想过的事或别人没有做好的事，你想了、你做了，这就是发明、这就是创造；即使别人做过，但你不知道，把问题解决了，对于自己来说也是发明创造。采取这种方法使学生对小发明、小创造的认识达到了水到渠成的效果，彻底地揭开了学生心里认为发明创造只有科学家、工程师才能办得到而自己不是这块料的神秘面纱，扫除了学生心理上的第一大障碍。

扫除思维障碍

所谓思维障碍，就是在明白了何为发明创造后，很多学生总怕别人笑话自己提出的问题和新的思想，缺少否定旧事物的勇气，不敢大胆地破旧立新，或者想到的老是些别人想到过的问题，甚至没有任何思路。该障碍形成原因是尽管发明创造活动多种多样，但其创造过程是有规律可循的，而学生就是没有掌握这种活动规律。

教师要给学生的心理发展以积极的支持。针对这种思维障碍，首先为学生提供必要的支持和信任，使其明白成功之路积累了或多或少的失败；其次主要原因是学生没有掌握发明创造方法、原理，所以要指导学生掌握各种常用的简单的发明技法，如以下几种。

克服缺点法：明确每种物品都有或多或少的缺点，改正了其不足缺点就是发明。

希望发明法：设计出能满足某种需要的物品，就是发明。

组合发明法：将不同物品组合在起，增加了功能或减少了材料也是发明。

另外，学生信息不足、具有思维定势，为此就要指导学生通过青少年科技教育的课外书籍、科技教育电视片等多角度收集信息，如《小学科技》中的"小小发明家"、《小爱迪生》中的"挑战爱迪生"、《少年发明与创造》等栏目内的发明创造作品，CCTV-1 少儿节目"大风车"栏目中"奇思妙想""异想天开"等开阔思路的节目，从中找出别人的发明思路来源，启发和开阔自己的思维；同时引导学生广泛地多参加或接触各种活动，多观察周围的事事物物，从不同人、不同地点、不同时间活动中找出它们的不足和需要，寻找发明课题。

当然对学生来说，根据他们的知识结构，我们要求的只能是些小发明、小创造，哪怕只是一个想法，只要是有别于其他的，都是值得肯定的，关键是让他们的思维得到锻炼、想象能"飞"起来。经过这样一系列的学习，学生的思维活跃了，不再胆怯了，从原来不敢想，变成了大胆地想了，好点子层出不穷。

扫除技能障碍

所谓技能障碍，是指有了一个好的发明课题，但是由于主观、客观等条件限制，就是不知怎样动手完成作品，或者是动手了难以达到预期目的，导致经常失败，最后干脆选择放弃。该障碍形成原因是由于学生年龄较小，各方面条件、技能等缺乏或欠佳，动手制作时会出现各种各样的困难，如工具不足、金属焊接技能不熟等，又对成功过于心切。可动手实践是把构想变为现实必不可少的途径，它是培养学生动手的最好机会，如果这一步没有做好，学生会产生畏难情绪，甚至再也不走"回头路"，逐步放弃自己进行发明创造的念头。

俗语说得好"不怕做不到，就怕想不到"，在学生有了好的发明点子，想要变成实物时，教师应根据实际情况，首先并不要求学生先将作品制作出来，而只是要求他们在脑中设计完成，并将他的想法用文字或简单的图画表达出来，叙述他是怎样设计的，然后教师再与他一起画、找材料、制作、改进；或者让其告诉家长、同学，请家长或同学一起参与完成，有的由于目前条件不具备，可以请他人帮忙完成，并在制作过程中有目的、有针对性、系统地指导和训练相应能掌握的技能。

当然在作品的完成过程中也不能要求太高，要增强其信心。经过多次实践，这样一步一步，水到渠成，学生的畏难情绪就会不翼而飞了，最终完成的作品既有科学性，又具有一定的工艺水平，同时在制作过程中还增进了师生、家长、同学之间的情感关系，集体合作精神也得到了培养，理解了协作的重要性，学生也在作品完成过程中逐步地掌握了必要的操作技能。

扫除时热障碍

所谓时热障碍就是学生在活动刚开始时充满激情，但进行了一段时间后就变得冷淡，甚至兴趣全无，活动不能持续。产生这种障碍的原因是少年儿童的好奇心与探究环境的倾向，最初只是潜在的动机力量，这种潜在的因素只有通过实践活动并在实践活动中不断取得成功才能逐渐形成和得到稳固。

为让学生在实践活动中通过成就感激发他们长期的创造动机，学校应坚持开展小发明、小创造活动，在开展活动中做到"六有"，即有计划、有内容、有检查、有总结、有专人负责、学生人人有作品（作品形式可以是实物、模型、图纸、方案、点子等）。

同时针对各年级学生的知识深浅、动手能力强弱的不同特点，采取相应的辅导措施，平时加强引导学生仔细观察周围现象、鼓励启发学生自己提出问题、解决问题，促使学生关心身边事物，主动探讨生活中的科学。

经过一段时间的尝试和实践，学生们掌握了进行小发明、小创造的要领。特别是在学生完成作品的每一阶段直至作品完成，都充满着教师鼓励、家长支持、学校表彰等不同的方式激励学生从事小发明、小创造活动，让学生体验到进步和成功的喜悦。

如制作出现经济困难学校可以帮助解决，作品在省内外展出所有费用学校报销，对学生作品获奖、发表的学校给予嘉奖，每年调拨一定的费用用于学生发明作品制作、在各地参赛展出、获奖奖励费用就达 1 万多元；同时学校建立活动展览室，不定期开放让学生参观，让学生互相观摩参观自己的活动成果，使他们产生成功感和自豪感；每学年的家长开放日、每年的科技活动月更要把小发明、小创造活动推向高潮，从而进一步提高师生、家长参与学校小发明、小创造活动的热情，使学生从原来的不敢做转变到现在的大胆做、从原来的不会写转变为善于写这样的举措能有效地促进小发明、小创造活动的持续开展，避免时热性障碍，大大地激发学生的创造欲望，增强从事活动的信心，也提高了学生的创新能力。

通过以上"四扫障碍法"的操作能够有效扫除学生进行小发明、小创造活动途中的四个障碍，使他们不再对发明创造感到高不可攀，还能让许多学生成功地走上发明创造之路，从而使得学校小发明、小创造的活动取得突破性的佳绩，为培养学生的创新精神和实践能力、提高青少年科技素质取得事半功倍的效果，为持续增强国家创新能力和竞争力的基础性工程打下坚实基础。

第五章

学生科学试验制作指导

1．学生科学实验与制作活动的意义

　　小实验与小制作活动是具有较强的实践性和创造性的科技教育活动，它是学校课堂教学的一个重要补充，在培养学生科学素质方面可以起到课堂教学难以起到的作用。

帮助学生加深理解自然科学知识

　　无论是在课堂教学还是在课外活动的教学过程中，教师都要引导学生形成一些科学概念，学习基本的科学原理。概念的形成、原理的理解，往往要从揭示事物的属性入手。不少事物的属性，只有借助实验和制作才能显露出来，才能被认识。例如，水是无色、无嗅、无味、透明的液体。这些属性单凭教师的讲述，学生很难理解，如果做一组实验，把水同牛奶、豆浆、酒精等液体作对比研究，学生就很容易认识和掌握水的这些属性。再如，揭示空气是不是一种单纯的气体。让学生做一个实验：把一根小蜡烛点燃，固定在盛有一层水的水槽里，然后将玻璃杯倒扣在蜡烛上，蜡烛点燃了一会儿后就熄灭了，烧杯里的水面上升了一截。这个小实验就说明了空气中至少有两类气体，一类是能够帮助燃烧的，另一类是不能够帮助燃烧的。这样学生就很容易认识空气不是一种单纯的气体。

培养学生的科学志趣

　　志趣是推动人们成才的起点，也是推动学生进行学习活动的内在动力。一个学生对某一学科有了浓厚的志趣，就会产生强烈的求知欲望，就会如饥似渴地学习和钻研。历史上许多有卓越成就的科学家，他们成才的动力之一，就是对科学的志趣。

　　心理学认为，志趣是一个人力求接触和认识某种事物的意识倾向。志趣不是天赋的，而是在后天的生活环境和教育的影响下产生和发展起来。小实验和小制作是培养学生科学志趣的极好活动。首先，小实验和小制作能够帮助学生更好地认识自然事物和现象。自然界许多奇妙的现象，许多奥秘都可以通过小实验和小制作来揭示。学生经常进行小实验和小制作活动，不断揭示自然界的奥秘，对自然科学的志趣就可以逐步形成。其次，小实验和小制作都是趣味性较强的活动，符合小学生喜欢动手，喜欢接触新奇有趣的事物的特征，达到以趣激趣的目的。最后，小实验和小制作大都是实用性较强的活动，它和工农业生产、科学研究、日常生活实际具有密切的联系。学生通过这些活动，可以把现实与理性联系起来，这无疑对培养学生的志趣是具有积极作用的。

培养学生的动作技能

技能是指完成一定任务的活动方式。实验和制作技能属于动作技能，其动作主要是由人手的活动来完成的。动作技能有初级和高级两个阶段，前者是初步学会阶段，后者是技能形成阶段。对学生来说，不论是初级阶段还是高级阶段，都必须由学生亲自动手进行操作练习才能形成。这是其他任何教学形式所不能取代的。

小实验和小制作所涉及的实验仪器和制作工具较多，这些仪器和工具对刚刚接触自然科学的小学生来说是很陌生的。在实验和制作过程中，学生通过观察思考和动作操作，将会逐步熟悉仪器和工具的性能和使用方法，初步掌握某些技能。在实验和制作过程中，学生要手脑并用，要在操作的基本功上、技术上由学会过渡到灵活、准确、协调，甚至接近自动化的程度；更要明了该怎样，不该怎样，为什么要这样而不要那样的道理，由操作练习的机械性转变为理解性。这样，实验和制作的技能就能逐步形成。

发展学生的创造精神和创造思维

在小实验、小制作活动的初级阶段，学生的操作往往以模仿为主。

125

比如，重复教师做过的实验，复制简单的器具。但是，不要小看这些活动，它们是学生能够独立操作的前期准备，其中包含了技能、经验、思维等方面的因素。

随着活动的深入展开，小实验、小制作必然要求学生主体的积极投入，小实验必然逐步从一般操作练习过渡到验证性实验，再过渡到探索性实验，小制作也逐步由易而难，工艺逐步变得复杂，而且这种劳动逐步着上了有创造意味的色彩。在这个过程中，学生的创造精神得到了陶冶，创造性思维也必然获得很好的锻炼。

锻炼优良的心理品质

小实验和小制作并不是很容易完成的活动，它需要实验者和制作者克服许多困难。因此，小实验和小制作能培养学生克服困难、坚韧不拔、百折不挠的毅力；在小实验和小制作过程中，学生都努力争取自己的实验做成功，努力使自己制作的作品美观、好用、受到教师的表扬和奖励，这能激发学生的好胜心和进取精神。小实验和小制作需要学生认真、细致、实事求是、团结协作，这对学生形成良好的学风，促进非智力因素向积极的方面发展具有重要作用。

2．学生科学实验制作活动的原则

小实验、小制作活动的指导要依据一定的原则，针对活动过程的各个环节进行。

从乡镇实际情况出发，突出以农为主

我国是一个农业大国，整个国民经济稳定和发展的基础是农业。乡镇小学科技活动中操作性强的小实验、小制作活动，除了要着眼于学生科学素质的培养，还应该研究当地的种植、养殖等状况，从乡镇实际出发，树立以农为主的思想，围绕科技兴农这一中心，开展丰富

多彩的小实验、小制作活动。

加强活动室和实验基地建设

小实验、小制作活动的顺利开展需要一定的条件，其中尤其要重视利用学校的条件和社会力量从校内和校外两个方面加强活动阵地的建设。校内活动阵地主要是活动室，活动室一般可与自然教室共用，没有自然教室的学校，可利用一些辅助用房，也可借用某些班级的教室，另外还可以利用校园的空地建立植物实验园、动物饲养场等。校外活动阵地除了青少年科技活动中心等场所外，还应该充分利用博物馆、公园、自然保护区、工厂、农场等社会力量。

克服困难，因陋就简，土法上马，解决器材问题

我国幅员辽阔，经济文化发展很不平衡。尽管有些乡镇的生活水平已步入小康，但仍有一些地区还没有很好地解决温饱问题，当地的办学条件也很艰苦，在这些学校开展小实验、小制作活动，存在着缺少器材的实际困难。而活动器材又是科技活动的物质基础，传播科技知识的媒介。因此，科技辅导员要发动学生一起克服困难，因陋就简，自制简易教具或利用代用品，解决器材问题。

必须着眼于活动的全程，并有相应的方案或计划

为了充分发挥小实验小制作的功能，还必须从活动的全程出发，针对学生的心理特点和年龄特征，并以全面发展学生的科技素质为目的，制定整体活动、阶段活动及每次活动的方案或计划。

3．学生科学实验制作活动的指导

小实验与小制作活动过程的指导，包括制订活动计划，指导实际操作和活动总结等。

制订活动计划

为了加强小实验与小制作活动的计划性，保证实验与制作任务的顺利完成，必须认真周密地制订小实验与小制作活动的计划。有了计划，才能避免活动的盲目性，不致出现吃一节剥一节的状况。在制订计划时要注意以下几点。

（1）要深入了解学生。

主要了解学生对参加小实验与小制作活动的态度、基础知识水平、技能、智力等情况，特别要根据小学生的特点，从实验出发，了解他们当前的主要要求，倾听他们的反映，尽量采纳他们的意见。

（2）要研究活动计划

教师在深入了解学生的基础上，要结合学校的设备和各方面的条件，根据小实验、小制作的活动特点，着眼于小学科技素质的形成，认真研究活动的总体安排和具体的内容。主要包括：本学期小实验与小制作活动的目标；活动的基本情况分析；活动内容及其安排；完成活动任务的条件、困难和主要措施等。

（3）把教师的计划变成学生自己的计划

教师有了计划，就应当考虑怎样把计划变成学生自己的计划，才有利于调动学生实验和制作的积极性，才能使计划真正落到实处，变为学生的自觉要求和实际行动。

实际操作的辅导

（1）在操作内容的安排上要从简易到复杂。

学生初次操作时，缺乏认识基础，对较复杂的操作掌握比较困难，因此，应当先排简易的小实验与小制作，不妨带点机械模仿，然后逐渐过渡到复杂操作，适当加快速度。例如，分析土壤成分的实验就应安排在沉淀、过滤、蒸发等实验之后，因为前者的实验包含后者，是复杂的实验。学生只有先学会基本的实验和制作，才能比较顺利地完成较复杂的实验和操作。

（2）以知识作基础，指导实际操作。

小实验与小制作虽然属于动作技能的范畴，但是它与基础知识是紧密联系在一起的，学生掌握了与这些与活动有关的基础知识，才能比较顺利地进行操作。因此，在指导学生操作与制作方法时，不能只讲操作与制作方法，而不介绍有关原理。例如，在制取氧气的实验中，教师除了要介绍操作方法外，还要讲清楚试管口为什么要略向下倾斜，加热时为什么要先预热试管，实验完毕为什么要先把导管从水中拿出来，然后再移开酒精灯，等等。学生明白了这些问题，就能更正确地进行操作。

（3）在操作前要使学生明确操作的目的要求。

教师在指导学生实验和操作前，要向学生讲清楚为什么要进行这个实验和制作，应该达到什么要求，应该注意什么问题，基本过程是怎样的，等等。这样学生就会在教师指导下朝着既定目标发挥自己的主动性和积极性，避免操作中的错误，避免盲目行动，并且在操作过程中，能比较自觉地根据活动的要求，随时对自己的行为作出比较恰当的评价。

（4）教师要进行必要的示范。

小学生的理解力比较差，而模仿力较强。他们进行小实验与小制作，在初级阶段，主要靠模仿掌握其方法。因此，每进行一个小实验或小制作，教师都应把操作中所用仪器、工具的标准名称、用途、使用方法、操作步骤、注意事项交待清楚，边交待边示范。这样，才能让学生在实验或制作前头脑里形成一个动作印像，为顺利地进行操作奠定良好的基础。

学生不仅模仿力强，先人为主的识记性也很强。他们喜欢以教师为榜样，处处模仿效法。他们第一次接触到的知识，一旦掌握了，就不容易忘掉。因此，教师要特别注意示范的正确性。如果在操作示范时动作不规范，会给学生留下一个错误的印象，当这个错误的印象成为学生头脑中的记忆表象后，进而形成习惯，纠正起来将是十分困难的。

（5）安全问题。

在小实验小操作的实际操作过程中，常要用到有毒、有腐蚀性或易燃易爆的化学药品，容易破碎的玻璃仪器，还有酒精灯、电源以及一些物理器械。对这些客观条件掌握不当都可能发生事故。如果在实验中发生事故，将给学生身心带来无法估量的损害，同时也不利于学生志趣、情感、意志等非智力因素的发展。因此，教师在辅导过程中，要树立"安全第一"的思想，明确不安全因素的所在，一方面要尽可能选择没有危险的内容，或对不安全因素采取积极有效的措施；另一方面通过演示等形式使学生掌握规范化操作的要领，确保实际操作的安全可靠。

实验制作活动总结

每进行一次实验或制作活动，教师都要组织学生认真总结。因为学生在活动中所获得的知识和技能，多是零星的、片断的、局部的、通过总结，可以帮助他们将所获得的知识和技能进行整理，归类并加以巩固。在一个学期内也要集中进行几次总结，进一步调动学生进行实验和制作的积极性。常用的几种总结方式有：

（1）实验表演。

邀请学校领导、家长和其他学生参加，让小组的学生向他们做实验表演。

（2）作品展览。

把小组学生自己制作的作品集中起来，放在陈列室，请教师、家长和社会各界人士来参观。

（3）竞赛。

在小组学生中进行实验操作和制作作品竞赛活动，对优胜者给予奖励。

（4）献礼和赠礼。

在有关的节日之前，安排小组学生制作一些作品，以这些作品作为礼品，**献**与或赠给有关人员。如在"六一"儿童节时制作一些玩具，赠给低年级的小弟弟、小妹妹；在校庆日时制作一些作品献给学校；在"教师节"时制作一些作品献给教师；等等。

这些总结方式符合小学生的心理特点，能充分调动小学生进行实验和制作的积极性，同时对全年以至全校又有推广普及作用。

4．学生科学发明活动的意义

人类的进步与文明，是建立在无数发明的基础之上的。人类能不断发展，离不开发明创造。文字、纸张和印刷术的发明，使人类能够记载下自己的历史，使历史事件和知识经验流传于世，教育和启发着后人；电灯的发明，使漫长的黑夜呈现光明，人们可以夜以继日地工作、学习和娱乐；火箭的发明，使嫦娥奔月这个神话终于变成了现实，开辟了人类探索宇宙奥秘的新纪元；电子计算机的发明，特别是微电子技术的发展和普遍应用，使人的脑力劳动获得解放，使整个社会生活发生了巨大变革，引起了新的技术革命。

在当前科学技术高速发展的时代，社会的发展、经济建设更离不开发明。发明能使人们认识世界、改造世界的能力上升到新水平，把人类社会推向更高层次的文明。创造学家奥斯本在《创造性想象》一书中指出："一个国家的经济增长和经济实力与其人民的发明创造能力和把这些发明转化为有用产品的能力紧密相关。"美国学者伊顿指出："在不久的将来，我们国家的最高经济利益，将主要取决于我们同胞的创造才智，而不取决于我们的自然资源。"由此可见，发明创造在经济建设中处于何等重要的地位。

中小学生是祖国的未来，科学的希望。现在的中小学生是 *21* 世纪的主人，他们将承担着使我国经济达到世界中等发达国家水平，基本实现现代化的重任。所以，我们要从小学生抓起，努力培养他们发明的创造意识、创造精神和创造能力，使他们成为建设社会主义现代化国家的后备力量。

中小学生参加发明活动，是培养他们的发明创造意识、创造精神和创造能力的较好途径。

发明活动是一项群众性活动，所有小学生都可以参加。在活动中，小学生能够明确什么是发明创造，深刻认识发明创造的意义，从而树立发明创造的意识。

发明活动是开放型活动，它不受教学大纲和教材的束缚，也不受时间、场地、设备等的限制，并且每一次活动都没有固定的答案，中小学生可以在这个广阔天地里纵横驰骋，这样有利于培养他们的创造精神。

发明活动是一项创造性活动，在发明活动过程中，需要中小学生具有多种能力，特别是创造和想象的能力。因此，通过发明活动，可以培养学生的创造能力。

发明活动还可以培养学生热爱科学技术的兴趣，克服困难、战胜困难的坚强意志，树立建设社会主义祖国的信念，养成小学生良好的科学态度，并能使学生受到审美教育、劳动教育以及团结协作、遵守纪律等方面的教育。

5．学生科学发明活动的指导

启发

启发就是通过讲清发明活动的意义，激发学生发明创造的兴趣，使他们乐意参加发明活动，自觉接受创造思维和发明技法的启蒙教育，增强创造精神和创造意识。学生的心理具体表现在：他们思想单纯、活泼、好动、幼稚、富于想象、善于联想和缺乏独立活动的能力；好表现自己，对教师和家长布置的任务总是想办法完成；对参加集体活动的热情较高，但他们的兴趣和爱好不稳定，当获得一种满足之后，会立即被其他兴趣所代替。因此，他们喜欢参加发明活动，但不能维持较长时间。

根据学生的心理特点，在组织每次发明活动时，教师都要注意加以启发，除了使他们明确每次活动的目的和意义之外，还要适时布置一些具体任务，尽量使一些个人活动转化为集体活动；对他们在活动中所取得的成绩，及时进行总结和表扬，使他们还不稳定的发明兴趣和爱好逐步稳定。

示范

示范就是运用发明成果作为学生学习的典范，使他们从中得到教益。

榜样的力量是无穷的。学生的好胜心较强，而且善于模仿，因此在活动中运用一些发明成果和讲一些发明家的故事作为他们学习的典范，会对他们有很大的帮助。

发明成果最好是学生自己发明的，故事最好也是学生的发明故事。因为同是学生，年龄相仿，知识水平相当，他们容易接受，对他们的启发帮助也最大。如果用本校、本班的学生的发明成果作示范，效果更佳。

在示范过程中，教师所选用的典范最好能对本次活动有一定的指导价值。比如，这次活动主要是让学生学习"缺点列举法"，那么，作典范的发明成果最好是用"缺点列举法"所完成的。对每一件作示范的发明成果，教师都要讲清发明人是怎样想到搞这个发明的，运用了哪些发明技法，他在发明过程中遇到了哪些困难，他是如何克服这些困难的，等等。

选题引导

学生通过启发和示范，会产生发明的兴趣和动机，这时，教师就要引导他们寻找发明的课题。

在学生中开展的发明主要是指：学生在日常学习、生活和劳动中针对那些感到不称心、不顺手及不方便的事物和方法，运用学过的科学技术知识，创造性地设计和制作出目前没有的产品或生产方法，或对现有的产品和生产方法进行改进与革新，从而为人们的生活、工作、学习带来方便。因此，他们发明的课题种类不多，范围也较狭窄。但是，学生的想象力比较丰富，他们发现的问题，提出的发明课题是五彩缤纷的。在这众多的课题中应选择哪一个呢？一般要注意以下几点。

（1）引导学生从日常生活和学习中寻找课题。例如，目前人们使用的用具、文具等，想一想怎样能提高效率？质量怎样能更好？怎样减少故障？怎样可以更安全？怎样可以使价格更便宜？怎样用起来更方便？等等。选择身边的课题，便于学生观察、分析、构思和设计。

（2）学生发明最后的成果是能在实践中使用的实物。这不仅需要学生的构思和设计，还要小学生自己动手去制作和实验。因此，在选择课题时，要让学生充分考虑，凭自己的科学文化知识水平，能不能完成这项发明课题，能不能把这项发明的构思制作出来，以免白白浪费时间和精力。

（3）选择发明讲题要专一。学生的发明是在科技活动课或课余时间进行的，精力和时间都很有限。因此，在一段时间里选择发明课题要专一，从一事一物去构思，从一点一滴做起。这样才容易成功。

构思引导

选准了发明课题之后，要引导学生对发明课题进行构思。构思不是一下子就能形成的，一般要经过几个步骤。第一步列出明确的发明目标，包括这个目标的具体要求。第二步剖析目标。对已确定的目标进行分解，分解成一些小目标，然后逐个解决为实现各小目标所必须解决的每一个小问题。第三步形成构思。为实现每个小目标和解决每一个小问题寻找可行的途径和办法。把可行的途径和办法进行组合，构思、制定出这项发明的总体实施计划。第四步对总体构思进行补充修正。

例如，上海市和田路小学学生方黎，在上体育课时看到全班40几个同学只有一个篮球架练习投篮动作，这样练习投篮就需排长队。她想，如果能有一个可供几个同学一起练习投篮的球架多好啊！于是，她决定以改革篮球架为发明课题，一心想设计一个可供多人同时使用并适合各年级同学使用的篮球架。

她找到了这一发明课题，并明确了发明目标及这个目标的具体要求之后，就把总目标分解成了以下两个小目标：

①怎样才能使多人同时投篮。

②篮球架的高度是多少才适合各年级同学。

她先思考第一个问题。

有一天，她和3个同学一起去吃早点，4个人各坐方桌的一方。突然，她灵机一动，想到，如果做一个东、南、西、北4个方向都有篮球筐的球架，练习投篮的效率不就可以提高到4倍吗？方黎同学运用联想的方法，将围方桌吃饭和她要解决的发明目标联系起来思考，将实现第一个小目标的困难解决了。

接着，她思考第二个问题。

篮球架的高度如果按照高年级同学的身高设计，低年级同学练球就不方便；如果按低年级同学的身高设计，对高年级同学又不合适。她在家里冥思苦想的时候，忽然看到了落地灯杆。她想落地灯杆可以调节高低，如果球架也能像灯杆一样可升可降，不就可以适应不同年级同学的身高了吗？正如是，她运用移植的方法，将落地灯杆的升降技术移植到篮球架上，使第二个小目标中的问题迎刃而解。

就这样，一张多用升降篮球架设计图在她的笔下绘好了。这项发明参加了全国首届青少年科学创造发明比赛，荣获了二等奖，还受到了国家体委（现国家体育总局）领导的赞扬。

在小学生构思的过程中，教师要注意以下几个问题。

（1）注意传授发明技法。要向他们传授构思过程中可能要用到的发明技法，如联想法、组合法等，以便小学生灵活运用。

（2）注意讲解有关的科学知识。要向他们讲解有关的科学知识。因为小学生所拥有的科学知识毕竟有限，发明过程中的许多问题是他们现有的知识解决不了的，因此，教师要预计他们突破这一发明课题需要运用哪些科学知识，对他们还未学过的科学知识，事先必须向他们传授。

（3）善于启发思考。教师要善于启发，引起他们思考，向发明目标一步步迈进。

（4）及时出主意战胜困难。当小学生在活动中遇到困难时，要给他们出主意、指方向，给予他们精神上的支持，使他们增强战胜困难的勇气。

设计引导

设计就是按照总体构思，制定这个课题的整体图形和各部分的图形。

由于中小学生没有学过机械制图，不要求他们绘制规范的机械图，但是可以要求他们画出示意性的草图，包括整体的形状、大小、外观和色彩等，使这项发明有一个比较完整的雏形。为了使总体设计更加完善、合理，还可以利用纸片、木材、铁丝、泡沫塑料和胶水等材料做出一个模型，再对模型进行改进，并进一步考虑先做什么，后做什么，如何按各部分尺寸、形状进行装配，使发明的总体设计更加完善。

制作引导

按照总体设计制作出样品。样品不是模型，而是一件能够实验使用的实物。样品的各部分功能应符合总体设计。学生在制作样品时。教师要在技术、材料等方面给予支持。对于制作比较困难的样品，教师或家长还要协助学生，使他们能顺利地将样品制作出来。但是，千万不能包办代替。

评估引导

任何一件发明，只有经过实践的检验，才能判断它是不是合格。因此，教师要指导学生对发明进行评估，看这件发明是不是合格。

如何指导学生对发明进行评估呢？首先，看这项发明是不是前所未有的。即从时间上看，提出这项发明以前是不是出现过同样技术内容的东西或方法；从公开方式看，在国内是否公开使用过或在商店销售过，在国内外的报纸、杂志、书籍、广播、电视、电影和展览会上是否公开发表过、展示过。其次，把这项发明与其他性能类似、用途相同的东西相比较，看是不是在原有的基础上增加了功能、改进了方法和工艺。再次，看这项发明能不能解决生产、工作和生活当中的实际问题，产生良好的社会效益。最后，看这项发明的性能、原理构造和方法等是否符合公认的科学道理，有没有出现科学上的错误，对环境是否会增加污染，对人的身心健康有没有影响，等等。

对发明的评价贯穿整个发明活动之中，并不是整个发明活动的最后一步。例如，在选择好发明课题之后，就需要考虑所研究的这个课题是否有新颖性，如果失去了新颖性，就应当放弃这个课题，重新选择新的课题。

6. 学生科学发明素质的培养

小发明活动没有什么固定的模式，但是发明创造的知识可以学习，发明创造的方法可以传授。只要抓住规律，开拓思路，是能够有所成就的。中小学生首先应加强对自己创造素质的培养和锻炼。主要办法是有以下几方面。

要破除迷信，树立信念

发明创造既然别人能够搞成，自己也就有可能搞成，不要把它看得神秘莫测，以为是那些少数天才发明家才能做到的事。这样树立一个立志发明创造的信念是非常重要的精神因素。

目标明确，有较强的好奇心

干什么事情，都要有个明确的目标，搞发明创造也是这样，要搞一项什么创造，想解决什么问题，首先应心中有个大概的轮廓。然后根据自己确定的目标去想问题，找窍门儿，就容易成功。目标又从何处去寻呢？应该在自己的生活中去寻，从自己身边和所接触的事物中去寻。同时还要从小培养自己对事物的好奇心理，这样就可以帮助自己选中目标。

善于观察，勤做记录

在叙述观察和实验活动中我们已经谈到了勤观察勤记录的重要性。在发明创造中，观察和记录也是一个重要的法则。勤观察，不仅能够认识事物，而且能够了解事物的优缺点，激发发明创造的动机。做记录，主要是指当你有了什么好的想法，好的构思时，就应该及时把它记下来，这样可以帮助你成功。"猛然想起的好主意很容易被忘掉，所以一定要随时做记录。"这是一位心理学家的教导，请你记住它。

善于联想，善于借鉴

人的生活中常常有这样的事：甲事物与乙事物看上去好像不存在什么联系，但人们可以通过借鉴甲事物的长处去改变乙事物的不足。如果你平时经常注意把耳闻目睹的事物同你确定的目标联系起来思考，进行多侧面的比较，把事物的"长处"接收过来，说不定就能解决疑难问题。

综合思考，反复讨论

搞发明创造要养成时时处处都勤于动脑子的好习惯。不仅要多

138

一些设想，还要勤奋学习，掌握较多的知识，以便对事物进行多角度的综合思考，综合研究。当然，还要记住一句俗话："三个臭皮匠凑成一个诸葛亮"。搞发明创造不能把自己关在小房子里冥思苦想，还要借助众人的智慧，大家的力量。不妨把自己的某些想法、某些疑难讲给大家听，让众人反复讨论，提出意见，这样会更好些。

敢于突破，克服惰性

发明创造要敢于突破一些旧思想、旧习惯和旧势力的阻碍。人们在生活中往往有一种惰性，对周围的事物和所使用的东西用惯了，看惯了，习惯了，不易发现缺点；另外也有一些人对什么都要求不高，满足现状，缺乏改革热情，这对发明创造是很不利的。因此，要想搞发明创造就得克服这些惰性。

勤于实践，亲自动手

实践出真知，发明创造离不开实践，很难设想，一个不动手脚、脱离实践的人，会搞出什么发明来。要想成功，就得勤实践、勤动手。勤动手包括勤收集情报、资料，勤试验、勤制作。

尊重科学，量力而行

发明创造本身就是科学，还要抱有科学的态度，既不能脱离实际去空想或抱侥幸心理，也不能好高骛远看不起生活中的小事。同时还要根据自己的实际能力去努力，否则是不会有什么成效的。

小发明活动的特点是新颖、合理、实用。关键在于合理。一切不尊重科学规律的"发明"设计，都是不会成功的。小学和少先队组织的任务是要通过一定的组织形式，努力启发队员们的思路，让队员们充分讨论和总结出一些摸索规律的办法，在组织这类活动时，应抓住四个环节：

（1）要向队员们普及一些如何进行发明创造、革新的方法，启发思路，启发队员明确什么是发明创造；介绍有关样品和资料，引导大家评议和剖析，从中得到借鉴和启发。

（2）倡导队员们深入生活，提高观察能力和发现新异现象的能力；鼓励队员们对周围的事物、日常的生活进行观察，遇到不顺手、不方便、不满意的事情，就想方设法去改革，去发明创造，而不要将就对付，得过且过。

（3）鼓励队员们质疑问难，发现矛盾，寻找发明创造的目标，提出设想方案。

（4）指导设计，修改制作并注意培养队员不怕失败的毅力和顽强的意识。

小发明和大发明是连在一起的，今天热心于小发明的少年儿童，将来就有可能成长为真正的大发明家。

7．对小学生的发明指导方法

根据儿童的心理特点和知识水平，有关专家在进行了大量研究和实验的基础上，提出了 12 种儿童发明技法。这些技法比较适合小学生在发明创造中加以运用。

加一加

思考方法：可在这件东西上添加些什么吗？需要加上更多时间或次数吗？把它加高一些、加厚一些，行不行？把这件东西跟其他东西组合在一起，会有什么结果？

减一减

思考方法：可在这件东西上减去些什么吗？可以减少些时间或次数吗？把它降低一些、减轻一些，行不行？可省略、取消什么吗？

扩一扩

思考方法：使这件东西放大，或使这件东西的某一部分或几部分扩展，会怎么样呢？

缩一缩

思考方法：使这件东西压缩、缩小；或使这件东西的某部分缩小，会怎么样呢？

变一变

思考方法：改变一下形状、颜色、音响、味道、气味，会怎么样？改变一下次序会怎么样？

改一改

思考方法：这件东西还存在什么缺点？还有什么不足之处？需要加以改进吗？它在使用时，是不是给人们带来不便和麻烦？有解决这些问题的办法吗？

联一联

思考方法：某个事物（某件东西或事情）的结果，跟它的起因有什么联系，能从中找到解决问题的办法吗？把某些东西或事情联系起来，能帮助我们达到什么目的吗？

学一学

思考方法：有什么事物可以让自己模仿、学习一下吗？模仿它的形状、结构，会有什么结果？学习它的原理、技术，又会有什么结果？

代一代

思考方法：有什么东西能代替另一样东西吗？如果用别的材料、零件、方法等，代替另一种材料、零件、方法等，行不行？

搬一搬

思考方法：把这件东西搬到别的地方，还能有别的用处吗？这个想法、道理、技术，搬到别的地方，也能用得上吗？

反一反

思考方法：如果把一件东西，一个事物的正反、上下、左右、前后、横竖、里外、颠倒一下，会有什么结果？

定一定

思考方法：为了解决某一个问题或改进某一件东西，为了提高学习、工作效率和防止可能发生的事故或疏漏，需要规定些什么吗？

教师在传授辅导发明技法时，不要照本宣科，花大力气去讲理论，要多例举小学生成功的发明项目用的思维方法，参考一些有关的书刊，运用小学生喜闻乐见的语言和方式以提高辅导的效果。例如，把一些发明的完成过程编成小故事，通过讲故事让小学生掌握一些发明技法。鲁班发明锯子的故事就是一例。小学生听了这个故事以后，就能懂得模仿法的基本常识。再如，组织小学生开展以某一种发明技法为主的小发明活动，使小学生在活动中自觉掌握这一种发明技法。通过故事、活动等小学生喜闻乐见的方式去传授辅导发明技法，小学生会很容易接受。

8．对中学生的发明指导方法

探索需要法

需要和希望是发明之母。了解社会的需求和人们的希望，是寻找发明课题的重要途径。在仔细观察和充分调查的基础上，从生活、工作及学习的需要出发，根据人们的某种希望，下工夫去探索、研究，就会创造出成功的发明来。

探索人们的需要，除了要善于观察生活中的各种问题，积极了解人们对所使用物品的意见，主动调查产品在实际中应用情况以外，还可以召开"需要、希望陈述会"，请到会人员围绕一定的主题，陈述、列举自己的需要和希望，然后收集起来进行综合分析，这些希望和要求就成为发明创造的基础。

缺点列举法

在我们日常的生活中，所使用的东西不可能都是十全十美的。即使是工厂里正在生产的各种产品或是市场上正在销售的各种商品，也并不是完美无缺的，它们或多或少地存着这样或那样的缺点。可是，由于人们身上潜在的惰性的影响，对于这些东西逐渐习惯了，不以为然，很少去研究它们有什么缺点和不足。如果人们对经常使用而又十分熟悉的物品采取"吹毛求疵"的态度，并且深究它们的缺点，分析这些物品在使用时不尽合理的地方，开动脑筋，找出它们的缺点，并对这些物品存在的缺点加以改革，就会成功地搞出一项发明来。这种发明的方法就叫做缺点列举法。

用缺点列举法搞发明，关键是发现物品的缺点，如果能够围绕一种物品发现它的缺点，把所有的缺点列出来，再针对列出的缺点提出改革设想，这项发明就容易成功了。

怎样指导学生去发现缺点呢？可以从以下四个方面入手。

（1）利用课外时间或假日到市场上去搞商品调查，然后进行分析，在调查分析的基础上，发现某些商品存在的缺点和不足。

（2）要随时留意自己日常使用的物品，发现它们存在哪些不足或不便之处，也应该随时留意自己周围的人们对使用某种物品的反映，以发现缺点。

（3）要敢于质疑，善于质疑。善于从物品的形态、材料、加工与使用等不同角度提出问题，发现缺点。

（4）要对物品的结构、功能等进行仔细分析，通过分析发现缺点和产生缺点的原因，并进一步寻找改正缺点的方法。

此外，使用好缺点列举法，还要克服安于现状、得过且过的惰性心理。

组合法

把分散的、已有的物品进行巧妙地调节，并重新恰当地进行组织合成的方法，叫做组合法。组合有以下几种方式：

（1）主体附加。在原有的物品上增加一个新附件。如在自行车上增加一个计程表，成为能计程的自行车。

（2）异类组合。把两种或两种以上不同功能的物品组合在一起。如收录机就是收音机和录音机组合而成的。

（3）同物组合。把若干个相同的物品组合起来。如把许多毛笔组合在一起成为排笔，把两个订书机组合在一起成为双排订书机。

（4）重组。分解事物原来的组织，再以新的意图重新组合起来。

组合法是一种简便易行的发明技法，小学生容易掌握和运用。但是，小学生的盲目性比较大，世界上的事物有千千万万，如果把它们一样一样地不加选择地加以组合，那是不科学的。因此，小学生在运用组合法搞发明的时候，教师一定要指导学生明确组合的目的。通过组合要提高效率，充分利用空间；通过组合使事物互相补充，和谐一致；要注意物品之间相互的适应性，应以提高事物原有的品格为前提；通过组合，还要达到扩大用途，增加功能，增加效益和节约的目的。

特性分析法

特性分析法是选定某一种物品，对其进行特性分析，并将所有特性一一列举出来，再探讨改革方法，最后形成一项有显著进步的发明的发明技法。

一般事物的特性，按词性来分包括以下三大类。

名词特性：如全体、部分、材料和制造方法等。

形容词特性：如性质、状态等。

动词特性：如功能等。

指导小学生用特性分析法进行发明，首先要使他们掌握分析事物特性的方法。怎样分析事物的特性呢？下面以一个水壶为例为说明。

（1）名词特性。

整体：水壶

部分：壶身、壶盖、壶嘴、壶柄

材料：铝、铜、铁、不锈钢

制造方法：冲压焊接、吹胀

（2）形容词特性。

性质：轻、重、结实、变形

状态：美观、清洁

（3）动词特性。

功能：烧水、装水、倒水、贮水

其次，要组织学生围绕特性进行改革。例如：该物品还存在什么缺点，怎样改正这些缺点；在该物品上还增加一点什么，可以增加该物品的功能；等等。

最后，要对这些改革建议进行综合，使原物品的缺点得以改正，或有新的功能增加。

检核表法

根据需要解决的问题，或者需要发明创造的对象，列出有关问题，然后一个一个来核对讨论，从中获得解决问题的方法和发明设想的技法，叫做检核表法。

（1）检核表法的使用程序是：

①对一件产品或某一个事物，从多个方面加以提问，根据不同情况得到一系列新设想。

②对所有设想逐一加以分析，产生最终解决问题的综合方案。

（2）检核内容有：

①现有的发明有无其他用途？

②现有的发明能否引起其他的创造设想，或借用、或替代？

③现有的发明是否可以改动一下？

④现有的发明能否扩大用途，延长寿命？

⑤现有的发明可否缩小、减轻、分割？

⑥现有的发明有无代用品？

⑦现有的发明能否更换一下型号和顺序？

⑧现有的发明可否颠倒过来用？

⑨现有的几种发明是否可以组合在一起？

检核表法几乎适用于任何类型与场合的发明活动，享有"创造技法之母"的美称。

智力激励法

在进行发明时，设想越多越容易成功。怎样才能获得大量的创造性设想呢？美国创造学家奥斯本首先提出了智力激励法。后来，人们又对这种方法进行补充修改，产生了一些改良式的智力激励法。

无论是正统的还是改良后的智力激励法，通常都是通过一个人数不多的会议来实现的。在会上，人们自由地发表看法，互相启发，从而能提出许多的设想。其具体做法有如下几种形式。

（1）奥斯本式。

参加会议的人不多于 10 人，以利于充分发表意见。会议的时间一般在 1 小时以内。会议的内容要明确。到会人员可围绕课题任意发表观点，无上下级之分，不分多数人的意见和少数人的意见。由于到会人员能够受到别人的设想的启发，并发表新产生的设想，因而会议结束时，可以得到数十个甚至数百个设想。

（2）默写式。

每次会议由 6 个人参加，每个人在 5 分钟之内要提 3 个设想。开会时，首先提出发明的题目，在对发明题目解释完毕后，让到会的人填写卡片。每张卡片上有 3 个编号。在第一个 5 分钟之内，每人在卡片上填 3 个设想，然后将卡片传给下边的人。在第二个 5 分钟内，每个人从 3 个设想中得到启发，再填上 3 个新设想，并把卡片传给下面的人。依此类推，半小时一共可产生 108 个设想。

（3）卡片式

此种形式又可分为 CBS 法和 NBS 法两种。

146

CBS 法的做法是：每次会议由 *3 ～ 8* 人组成，每人持 *50* 张小卡片，会议大约持续一小时。会议的议题明确后，最初 *10* 分钟内，到会者独立填写卡片（每张卡片一个设想）。接下来的 *30* 分钟，到会者轮流发表自己的设想，每次读一张卡片，然后由其他人提出疑问，并填写由于启发而产生的新设想。最后的 *20* 分钟，让到会者自由交流设想，并将新设想记下。

NBS 法的做法是：会前明确主题。每次会议由 *5 ～ 8* 人组成，每人需将 *5* 个设想填在 *5* 张卡片上。会议开始后，每人对自己的卡片进行说明。当别人受启示而产生新设想时，应立即填在备用卡片上。全部发言结束后，将所有卡片集中分类，放在桌子上，每类卡片加一个大标题。最后讨论一次，选出可实施方案。

（4）三菱式。

在宣布了会议的议题后，花费 *10* 分钟让到会人员分别在纸上填写设想。接着，每人轮流讲述自己的 *1 ～ 5* 个设想。别人在受到启发后也可以将新设想填在卡片上。然后，每个人将自己的提案汇总，写成正式提案。正式提案写成后，到会人员可以互相提问，进一步修改提案。最后，会议主持人将每个人的提案用图解方式写在黑板上，让大家充分讨论，以便确定最佳方案。

智力激励法的会议一般按如下步骤进行：

第一步，由会议主持人提出研究题目，明确目的要求。

第二步，参加会议的人围绕研究课题进行独立思考，将自己的设想记在笔记本上准备发言或写在卡片上。

第三步，依次发表自己的发明设想。与此同时，会议主持人和其余的人都将每个人的发明设想记录下来。

第四步，大家对每个人发表的发明设想分析、补充。与此同时，参加会议的人都根据别人的设想触发自己的灵感，记在笔记本上，准备提出更新的设想或补充。

第五步，就自己最感兴趣的设想，互相咨询，详细了解设想内容。

第六步，沉思 5 分钟后，再进一步依次提出新的设想和补充意见。

第七步，主持人将全部设想进行整理、归纳、拟出方案，再公布。

第八步，全体参加者对所提方案进行分析、比较，最后集中大家意见，确定最佳方案。

要使与会者全神贯注，集中注意力，充分发挥各人的智慧，必须要求他们遵守以下规则：

①参加人数以 5～8 人为好，最多不超过 10 人；

②开会时间以半小时到一小时为限度；

③主持人在召集开会前，必须向参加者明确研究的课题。参加人如有不清楚、不明白的地方，主持人应负责解释清楚，使参加者心中有数；

④参加人在明确研究目标的基础上，必须围绕议题进行广泛的联想，通过独立思考之后，尽可能多地发表自己的创造设想；

⑤在会上，任何人不许批评或指责别人提出的设想，更不要讥笑和嘲讽；

⑥鼓励任意思考，打消顾虑，大胆设想，想法越多、越新奇越好；

⑦在会上，对任何人提出的设想都不作判断性结论，待会议结束后，再进行整理和评论；

⑧在会上，不准私下交谈，干扰别人的思路，发表意见的人必须针对研究问题集中注意力，把思路表达清楚，使参加者都明白；

⑨参加者应注意听取每个人的发言，利用别人的想法来激发自己的灵感，或结合几个人的想法，综合考虑，另提出自己创新的更好的设想；

⑩每个人提出的设想，不分好坏，一律记下来。

设问法

设问法是围绕现有的事物，以书面或口头形式提出各种问题，通过提问，发现现有事物存在的问题和令人感到不足的地方，从而找到要革新的方面，发明出新的事物来。设问法有很多，比较著名的有以下四种：

（1）5W2H法：

就是从7个方面去设问，这7个方面的英文第一个字母恰好是5个W和2个H。

①为什么需要革新（WHY）？

②什么是革新对象（WHAT）？

③从什么地方着手（WHERE）？

④什么人来承担革新任务（WHO）？

⑤什么时候完成（WHEN）？

⑥怎样实施（HOW）？

⑦达到怎样的水平（HOW MUCH）？

（2）七步法：

第一步，确定革新的方针；

第二步，收集有关资料数据，作革新的准备；

第三步，将收集的资料数据进行分析；

第四步，将自由思考产生出来的各种各样的创造性设想一一记录下来，并构思出革新方案；

第五步，提出实现革新方案的各种创造性设想；

第六步，综合所有有用的资料和数据；

第七步，对实现革新方案的各种创造性设想进行评价，筛选出切实可行的设想。

（3）行停法：

行停法是通过"行——扩散思维（提出创造性设想）"与"停——集中思维（对创造性设想进行冷静的分析）"的反复交叉进行的设问方法。其具体步骤如下。

行——想出与所需要解决的问题相关连的地方。

停——对比进行详细的分析和比较。

行——对解决问题有哪些可能用得上的资料。

停——如何方便地得到这些资料。

行——提出解决问题的所有关键处。

停——决定最佳解决方法。

行——尽量找出试验的方法。

停——选择最佳试验方法。

……直至发明成功。

（4）八步法：

①认清环境；

②设定问题范围与定义；

③收集解决问题的创造性设想；

④评价比较；

⑤选择最佳方案；

⑥初步设计；

⑦实地试验；

⑧追踪研究。

信息交合法

信息交合法就是一个由多维信息标组成全方位信息反应场，在这个反应场中，信息和信息交合产生新信息的发明方法。具体实施步骤如下：

（1）定中心。

将新研究的事物、物体或产品圈起来，确定它的位置。例如，研究笔，则将笔圈起来，并把它作为一个多维坐标的中心。

（2）划标线。

根据中心信息的需要，通过坐标的中心，画几条坐标线，准备串起有关信息序列，如构造、功能、材料等。

（3）注标点。

就是在信息标上注明有关信息点，如笔杆、笔帽、装饰、赠品等。

（4）相交合。

以一条线上的信息为母本信息，以另一条标线上的信息为父本信息，相交可产生子信息，即新信息、新产品、新品种。如塑料与装饰交合为塑料装饰笔，再与温度交合，则为表示温度的塑料笔。

利用信息交合地进行发散思维时，要注意如下三个基本要求：

①整体分解原则。即把系统整体按一定程序进行分解。首先根据目标的要求划分出不同的层次，按层次得到要素，一直分到需要的层次为止。

②信息交合原则。先要重视本体交合，即事物本身要素的交合；其次是打破原有功能的框框，引入不同类知识的信息标，进行大范围的"边缘交合"。

③结果筛选原则。对组合中出现的千万个新品种，应根据评价的结果进行筛选。筛选时要注意新品种的实用性、经济性、易生产性和审美价值。

移植法

在发明创造中，将某个领域内的原理、技术、方法、材料和结构引用到另一个领域内进行研究的方法，就是移植法。

移植法有两条途径，一条是将原理、方法应用于具体事物；另一条是为解决正在研究的问题，寻求可以移植的原理、方法。这两条途径的思考程度是不一样的。

（1）将原理、方法应用于具体事物，思考方法如下：

①选定已知的原理或方法；

②列出这个已知原理或方法能产生的具体功能；

③列出现实生活中需要这些功能的事物；

④提出各种应用原理或方法的设想；

⑤检验这些设想。

（2）为解决问题寻求原理、方法，思考步骤如下：

①提出对未来发明品的要求；

②明确需要解决的关键问题；

③列出在现实生活中能解决这个问题的各种装置；

④提出各种移植设想；

⑤检验这些设想。

扩展用途法

扩展用途法就是把一个现有事物的用途扩展到多方面用途，使其发挥更大作用的发明技法。

扩展用途法在发明的实际运用中，没有一种固定的思考程序，其思维方式是扩散型的，应该把握的重点是针对某一事物为了扩展用途而进行发散思维，引发大量的创造性构想、评价，找出可行性最大的构想，努力使之实现。

（1）事物用途的扩展，常有以下几种方式：

①直接将某种东西运用到另一类事物中去，作用不变；

②在某种东西为主体的情况下，增添附加装置，用途不变，达到功能增加的目的；

③把某种东西同其他东西进行巧妙地组合，功能互相渗透。

（2）运用扩展用途法去发明要注意以下几点：

①经常思考一种物品在不同的场合下会有什么新的用途，是产生新发明的简便方法。

②从一种物品所具有的用途，去扩展它的新用途，也可能会有新的发明产生。

③经常注意研究废弃物品的新用途，也是取得发明成功的有效方法。

④对原有物品的性能稍加改变，扩展这种物品的新用途，也可产生新的发明。

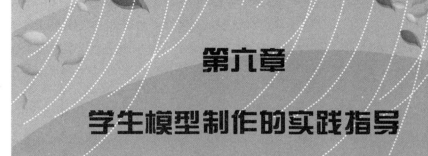

第六章

学生模型制作的实践指导

1. 学生模型制作活动的主要内容

航空模型制作活动

航空模型制作活动的内容主要有：了解有关的航空知识和航空模型的基本知识；制作风筝、热气球等简易飞行器；制作简易纸术结构的弹射机、滑翔机；橡筋动力飞机模型制作；初级牵引滑翔机的制作；飞机模型的调试；航空模型竞赛活动的组织；简易航空模型的设计；等等。

航海模型制作活动

航海模型制作活动的内容主要有：了解有关的航海知识和舰船模型的基本知识；观赏舰船模型制作；橡筋动力舰船模型制作；简易自航帆船制作；电动动力舰船模型制作；舰船模型的试航和调试；舰船模型的竞赛；等等。

车辆模型制作活动

车辆模型制作活动的内容主要有：纸盒车辆模型、内力车辆模型制作；橡筋动力车辆模型制作；电动动力车辆模型制作；车辆模型竞赛活动；等等。

2. 学生模型制作活动的组织

组织实施模型制作活动，可以灵活运用多种形式，以满足不同条件、不同层次的学生的需要，吸引更多学生来参加这项活动。

建立兴趣小组

建立模型兴趣小组或小制作兴趣小组，是模型活动和小制作活动较为常见的活动形式。不管有没有开设劳技课的学校，都可以组织兴趣小组。兴趣小组可以是班级组织，也可以是学校组织的，一般是学生自愿报名参加，人数以 20 人左右为宜。在兴趣小组定期开展活动的过程中，其活动内容要从易到难，循序渐进，在已开设劳技课的学校，活动内容可以比劳技课的内容深一点，同时还可以在兴趣小组中培养和发展骨干分子，指导他们去辅导其他学生开展活动。

列入科技活动课

活动课在大多数城市小学中已逐步开设。将模型活动和小制作列入小学的活动课中，在时间上得到保证，使全体学生都能参加这项活动。由于这种活动形式面向全体学生，所以选择的活动内容不能太难，要照顾大多数。在活动课上，配合制作，讲解有关知识，使学生能更好地掌握制作要领，同时要有充裕的时间让学生自己动手制作。

组织竞赛、比赛、展览等活动

在学校内或年级之间开展模型制作主题的各种类型、各个层次的竞赛及比赛活动，能促进学校模型活动的开展，提高学生的制作兴趣。如果本地的模型竞赛活动开展得比较普遍，那么可以根据学校开展模型活动的基础，在校内竞赛的基础上建立航模队。这种形式主要针对有一定基础的学生，为他们提供正规的训练条件和环境，代表学校参加模型竞赛活动。航模队的活动内容要符合竞赛所规定的小学组项目，要根据比赛规则和要求进行制作和训练，以适应比赛的需要。除了比赛以外，还可以经常性地举办学生模型和小制作作品展览，使他们看到自己制作的成果，提高制作信心。

3. 学生模型制作活动的知识介绍

学生模型制作活动要根据学生的年龄特征、知识水平，因地制宜、因校制宜来设计。同时，模型活动中的航空、航海、车辆和小制作活动思路应有其共同点，也有不同之处。学生模型制作活动的知识介绍主要有以下几种形式：

参观访问

参观访问是学生在教师的带领下，到附近的航空博物馆、机场、码头、汽车制造厂等地进行参观，使学生了解飞机、轮船、车辆的种类和主要性能及用途，以加强对有关知识的掌握。

参观访问一般可以放在制作活动之前，使学生对飞机、轮船、车辆有较多的感性认识，提高学生的兴趣。也可以把这项活动安排在学生刚做过一些简易的模型后，这时，小学生对模型已有了一定的兴趣，参观访问时更具有目的性。

参观访问的形式、内容可以多种多样，参观制造工厂可以了解飞机、轮船、车辆的制造过程，使学生明白一架飞机、一艘轮船、一辆汽车，需要成千上万个人经过艰苦的劳动和合作，才能制造出来。直接参观飞机、轮船、车辆，可以使学生了解各种交通工具的种类、用途和性能。访问工程技术人员，请他们谈谈飞机、轮船、车辆的发展状况以及它们在国民经济中所发挥的作用。访问优秀的飞行员、驾驶员，请他们谈谈如何驾驶这些现代化交通工具以及需要掌握哪些知识等。

参观访问活动，要事先进行联系，告诉接待单位参观的目的要求，以便接待单位能有针对性地进行准备。如有的学生家长就在这些单位工作，可以请学生家长帮忙，更合理地安排参观事宜。

通过参观访问，介绍有关知识，可以激励学生学好科学文化知识，长大后能制造出更多更好的飞机、轮船和车辆，驾驶这些现代化交通工具，为祖国"四化"建设服务。

参观访问活动可以放在低中年级进行。参观访问前，要向学生明确提出参观访问的要求和任务，使学生做到目的性明确。参观时要绝对注意安全，提醒学生不能乱摸乱动，听从指挥，同时要注意观察。

观看展览

利用电教手段，如电影、录像、幻灯，向学生介绍有关航空、航海、车辆等知识，具有形象、生动的特点。随着办学条件的逐步改善，城市小学一般都已配备了录像机、电视机和幻灯机这些电教设备。可以向教仪站、电教站或社会录像带出租点租借有关航空、航海、车辆等方面的科普录像片，向学生进行播放。也可以组织学生观看科教电影。

动用电教设备，可以向学生介绍航空、航海、车辆的发展史，我国在世界航空、航海、车辆史的辉煌成就；各种飞机、轮船、车辆的设计、制造、种类和用途；用高科技武装起来的飞机、轮船、汽车在现代经济、生活和战争中的应用；等等。

图片展览就是利用有关航空、航海、车辆等图片资料，向学生介绍有关知识的一种形式。它简单易做，比较形象。

图片资料的来源比较广，可以利用图书馆中的有关资料，绘制成简单的图片，也可以利用各种报刊杂志、画报、挂历、明信片等。展览时，可以发动学生收集各种图片，将收集到的图片整理归类，进行展览。这样，既锻炼了学生的能力，学到了知识，又能提高学生的参与意识。

图片展览的内容相当广泛，如航空、航海、车辆发展简史；我国古代在航空、航海、车辆领域的发明，如风筝、罗盘、指南车等；

中外科学家的图像和简介；航天事业的发展；等等。也可以启发学生，发挥学生的想象力，举办《未来的交通工具》想象绘画展览，促进学生的智力发展。

利用电影、录像等电教手段向学生介绍有关知识，可以根据播放的内容，分别安排在低中高各个年级中进行。图片展览，可以放在低中年级。举办想象绘画展览，宜放在高年级。部分组织工作，可以让高年级学生参与。

举办故事会

讲故事、听故事是小学生所喜爱的活动形式之一。举办故事会，讲讲航空、航海、车辆方面的人和事，能加深他们对有关知识的了解。

故事的内容很广。航空方面：韩信发明风筝的故事；莱特兄弟发明飞机的故事；中国人民志愿军空军英雄打败美军王牌飞行员的故事；"长征"火箭发射人造卫星的故事；等等。航海方面：我国祖先"刳木为舟"的故事；郑和七下西洋的故事；哥伦布发现新大陆的故事；甲午海战的故事；远洋科学考察，建立长城站的故事；等等。车辆方面：我国古代指南车和记里鼓车的故事；蒸汽机车的发明；我国第一辆汽车诞生的故事；等等。

（1）在组织举办故事会前，要确定故事会的主题。主题要明确、新颖、有感染力。其内容可以是侧重于思想教育，对学生进行爱国主义教育，如"我国航空史上的伟大成就""我国古代的航海家""我国的航天事业"等，可以侧重于创造发明，如"我国在航空、航海、车辆领域的创造发明"，也可以侧重于某个人或某件事，如"韩信的故事""郑和的故事""甲午海战""南极长城站"等。

（2）要帮助指导学生寻找故事题材。可以通过阅读科普读物和观看科普影视片，在阅读和观看过程中，要指导学生抓住主题，把握住主要的人和事。在具体的准备过程中，可以事先进行分工，如按小组把内容分配下去，以小组为单位进行准备，然后由各小组推荐几名代表上台讲故事。

在故事会中，可以考虑安排一些有关的知识竞赛问答，以提高学生的兴趣，也能促进学生积极进行准备，取得最佳效果，如能邀请有关的工程技术人员、飞行员、驾驶员来讲故事，将能起到更好的效果。

以上的活动思路，是以介绍知识为主，适合在低中年级学生中组织。

4．学生模型制作活动的具体步骤

制作活动是模型活动和小制作最主要的活动形式。通过制作，能进一步巩固对飞机、轮船、汽车的了解。掌握制作方法，提高动手能力。

活动内容

活动内容的选择要根据学生的年龄特征和知识水平，根据制作工艺的难易、结构的简单复杂进行选择。活动内容可以根据项目系统进行选择，如航空、航海、车辆模型；可以根据材料进行选择，如纸质模型，木质模型；可以根据动力要求进行选择，如橡筋动力模型，电动动力模型；小制作活动还可以根据制作原理进行选择，如光学小制作、力学小制作、声学小制作等。另外，还可以进行工具小制作、玩具小制作、教具小制作等。内容选择上要从易到难，循序渐进，注意每次活动都能比以前有所提高，并且在设计上要注意趣味性，以提高学生的制作兴趣。同时内容选择还必须考虑活动经费和器材、设备的要求。

活动形式

在制作活动中，活动形式要多种多样，要根据所开展的制作活动是普遍性的，还是提高性的；是几个学生合作一件，还是每个学生作一件的情况选择活动形式。对于普及性制作活动，可以安排劳技课和组织兴趣小组。制作内容难度不能太大，可以每个学生都制作一件，也可以几个学生合作一件。兴趣小组可以每班组织一个，也可以按年级组织，分成初级组、中级组、高级组，开展提高性制作活动，在普及的基础上可以组织多种形式的展览、评比、表演和比赛活动。在寒暑假举办冬令营、夏令营，把积极分子和骨干分子组织起来，集中活动，提高水平。

材料和工具

当活动形式和内容都确定后，就可以考虑制作活动所需要的材料和工具，为制作活动作前期准备。一般模型活动和小制作，需要准备图纸、材料、粘合剂和工具。

图纸是制作活动必不可少的资料。它是制作作品的依据。通过图纸，可以了解制作模型的种类、名称、外形尺寸和比例、内部结构以及各个部件的制作方法和组装要求等。

只有在看懂图纸的前提下，才能实施制作计划，配备材料。在中高年级学生中，可以适当讲解一些识图知识，如三视图原理，图纸上的基本线条和符号等。

材料要根据图纸和各个部件的制作要求进行配备。制作模型和小制作的材料十分广泛，有纸、吹塑纸、木材、竹材、有机玻璃、金属材料和其他材料。不同材料的加工方法不同。

纸质材料常见的有卡纸、白板纸、铅画纸、蜡光纸等。可用剪子和刀片进行剪刻加工，制作比较方便。吹塑纸也经常用来制作模型，它的加工要用锋利的刀片，粘接时用白胶。

木质材料是制作模型和小制作的主要材料，常用的有松木、桐木、三合板、五合板等。木料的选择，要注意选择无裂缝、质较软、节疤较少、已经干燥的木料，取材时还要注意木材的纹路。木料的加工用刀子、弓据、木砂纸和锉刀等进行。

金属材料常用的有白铁皮、钢片、钢丝、漆包线、大头针等，金属材料可用剪刀、钢锉、手摇钻、焊接等方法进行加工。

由于制作模型和小制作的有些材料比较贵或者一时买不到，这时就要考虑采用代用品，用废旧物品和边角料进行制作，在这方面有很大的潜力可挖，还可以降低制作成本。例如：船模中的螺旋桨轴，可以用自行车辐条代替；轴套可以用废圆珠笔芯代替；舱面建筑上的探照灯，可用旧灯珠代替，也可用废发光二极管或牙刷柄的一端代替；等等。

工具的配备要根据制作要求。一般配有尺子、刀子、挫刀、锯子、剪刀、钻、榔头就可以开展活动了。有些工具可以自己制作，如小榔头用旧水龙头横柄一只和木棍一根制成，刻刀用废钢锯条用砂轮磨制而成，等等。也可以发动学生带些家里现有的工具，如螺丝刀、钳子等，有些进一步的工具，如木工工具、台钳、电烙铁等，除学校购置一些外，可以依靠社会力量，如争取附近工矿企业的支援。

在材料和工具的配置上，由于受经费等条件限制，可以利用社会和家庭的力量，争取得到他们的支持，增添工具设备。在独生子女较多，家长比较重视智力投资的情况下，开展制作活动时，可以利用这个有利条件，制作材料由学生家长负担，制成的作品归学生所有。这样既解决了经费问题，又能使学生家长参与支持学生参加模型和小制作活动。

讲解和示范

讲解和示范是制作活动重要的一环。在学生动手制作前，辅导员必须详细地讲解制作的名称类型，制作的材料和工具，制作的方法和步骤，各个部件如何加工，如何进行整体组装粘合以及注意事项，等等。尤其要注意对图纸的说明和解释，使学生在头脑中对该模型有个初步的印象。在讲解中，最好能对照图纸和实物，对于低中年级学生，可以边进行讲解，边示范制作；对于高年级学生，可以制作一件完整的作品或半成品作为示范。

独立制作

讲解完后，由学生自己进行制作。低年级学生可以跟着辅导员做，而中高年级学生可以由学生独立进行制作。辅导员要随时注意学生的制作情况，边巡视边辅导，要指导学生各个零部件的加工方法和工具的使用方法。尤其是对比较难制作的部件，要加强进行辅导。由于制作时，有些材料很容易损坏，所以在辅导时要注意学生材料的使用情况，帮助他们提高成功率、要留有足够的时间给学生进行自己制作。

5．模型活动中应注意的问题

科技活动的根本任务是提高和培养青少年的科学素质。开展模型活动，要培养学生勇于创新、勤于思考、大胆实践的精神，逐步形成一丝不苟的科学态度。

学会正确运用

要引导学生将课堂上所学的知识，运用到模型活动和小制作活动中去。学生从课堂上，从课外的各种传播媒介，能得到大量的知识和信息。在这些知识中，有不少可以运用到制作活动中去，如自然课中的浮力知识、电的知识、摩擦的知识等，在模型和小制作活动中都能得到应用。教师在辅导过程中，要有意识地指导学生，运用已学过的知识，去解答制作进程中出现的各种问题。

鼓励学生勇于创新

在辅导制作完一件模型或小制作品后，辅导员可以鼓励启发学生，如何提高该作品的性能，有什么地方可以改进，如何在竞赛活动中取得好成绩，等等，使学生养成勤于思考，不断创新的好习惯。

要做到持之以恒

模型和小制作活动，有易有难，制作较难的作品时，比较单调乏味，有时还可能失败。教师就要根据学生好奇、好动、求知欲强的特点，引导学生不能凭一时的兴趣，尤其是在制作失败后，更要鼓励学生去寻找失败的原因，帮助他们树立信心，锻炼他们的毅力。

6．学生模型制作活动的竞赛

竞赛活动是模型活动的重要组成部分。通过竞赛，可以提高学生的制作兴趣和积极性、可以组织展览、评比和比赛等多种形式的竞赛活动，竞赛活动可以在班内、校内进行，也可以在班际或校际进行。

比赛规则的制订

任何一项比赛，都有其比赛规则，模型比赛也不例外。比赛规则的制订，可以按照国家体委颁发的竞赛规则，也可以根据本校的具体情况进行制定。规则的制定要做到简单易行，便于操作。

比赛规则中，应包括比赛项目、比赛内容、比赛评比方法，以及对参赛人员的要求和对模型制作的要求。

比赛项目中航空模型有风筝、弹射模型、手掷模型、橡筋动力模型、牵引模型滑翔机等。航海模型有实体模型、橡筋动力船模、电动动力船模、自航帆船等。车辆模型有橡筋动力车模和电动动力车模。

比赛内容根据项目不同有所不同，一般有外观模型比赛、竞速和竞距比赛。外观模型比赛，可以是外观实体模型，也可以是各种动力模型。竞速和竞距比赛是航空、航海、车辆模型比赛的主要内容。常见的航空模型比赛有：风筝的留空时间和放飞角度比赛；纸模型飞机的飞行距离和留空时间比赛；弹射模型飞机、牵引模型滑翔飞机、直升机模型、橡筋动力模型飞机的留空时间比赛。航海模型比赛主要是航向和航速比赛。车辆模型一般有直线竞速比赛和圆周竞速比赛两种。

比赛评分方法

外观模型比赛一般从制作工艺、制作难度、准确度、总印象等几个方面进行打分，竞速比赛中，航空模型分别用时间和距离进行评分，时间越长、距离越远，得分越高。

比赛场地的选择

比赛场地的好坏，影响到比赛能否顺利进行。场地的选择要根据比赛项目、内容来定。航空模型比赛要求场地比较宽阔，无建筑物和电线等，一般田径场就能满足小学生的比赛用场地，像纸模型飞机、手掷模型飞机，场地可以小一些。航海模型比赛，要求找个合适的水面，可以到就近的河面或公园的小湖等，较为理想的是游泳池，那里水面平静，干扰少，易于组织比赛。车辆模型比赛场地要求较低，较容易寻找，场地不要很大，但要求地面平整，如光滑的水泥地。

裁判人员的挑选

裁判人员要求熟悉比赛规则和要求，能公正合理地进行判定。对于校内比赛，可以请学校教师来担任。比赛前，要对裁判人员进行简单的培训，熟悉规则和场地，最好能实地练习一次。如是校际比赛，要邀请少年宫或科技馆的专职教师和航模协会的教师来担任。

7. 学生模型制作活动的实践

经过一定数量的制作后，学生掌握了初步的制作方法，对各种性能的模型和小制作有了一定的了解。这时，辅导员可以启发学生自行设计制作模型和小制作，培养学生的独创性和创造性思维。

设计活动应先从改进原有制作入手，提高原有模型的性能，然后逐步深入，鼓励学生大胆设计出新颖的模型和小制作作品来。设计活动的开展可分为自由设计和命题设计，自由设计是在规定大类的情况下，不规定设计内容和要求，制作材料由自己选。例如，飞机模型设计，可以设计成弹射模型，也可以设计成橡筋动力模型等，这种设计要求较高。命题设计是规定了设计内容或材料，如规定设计手掷模型飞机。设计时可采用纸质材料，也可用木质材料等。命题设计时，要把命题范围尽量小一些，这样便于学生相互交流启发，设计出较好的作品来。另外，设计用的材料要简单易找，以纸质为主，也可以利用废旧物品，如易拉罐飞机模型设计等。这项活动放在高年级学生中进行较为合适。

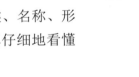

看舰船模型图纸

图纸是制作舰船模型的依据。它告诉我们模型的种类、名称、形状和尺寸，使我们了解模型各个零部件的位置情况。认真仔细地看懂图纸，才能选好材料工具，考虑制作方法。

（1）图纸的线条。

图纸上常见的线条有：

粗实线：表示物体外表所有看得到的轮廓线；

虚线：表示物体被逮住的轮廓线；

细实线：表示尺寸线、引线和剖面线；

点划线：表示物体的中心线、位置线和轴线；

折断线：表示断开的地方。

（2）总分布图。

总分布图反映了舰船的总体情况。主要是根据三视图的投影原理。有正视图（从正前方看模型）、俯视图（自上向下看模型）、侧视图（从侧面看模型）。

（3）船体线型图。

它是表示船体外型形状和大小的专用图纸。包括纵剖线型图，横剖线型图和半宽水线图。

①纵剖线型图。通过船首尾的纵向竖直平面，它把船体分为左右两个部分。中央纵剖面与船体表面的交线叫做中央纵剖线，它反映了船的侧面形状。

②横剖线型图。通过船体长度中点的横向竖直平面，中央横剖面与船体表面的交线叫做中央横剖线。由于船体是左右对称的，所以横剖线左右是对称的，图纸上只须画出一半。一般右边画船体前半部分的横剖线，左边一半画船体后半部分的横剖线。横剖线型图是制作船模骨架的主要依据。制作舰船模型时，一般只要有横剖线型图，就能制作模型船体。因此，大多数船模图纸只给出横部线型图。

（4）零件图。

从零件图中可以看出零件的形状、结构和尺寸。有些零件图还可绘制成组装图，给制作较复杂的零件带来很大方便。制作时要根据图纸所标明的比例进行。除应了解以上图纸外，还应了解船体的一些主要尺度的名称和意义。

①船长。一般有总长和设计水线长。总长是船的首端至尾端的最大水平距离，也称最大长度。设计水线长是指设计水线与船的首尾轮廓线交点之间的水平距离。

②船宽。是指船体最宽处的横向尺寸。

③型深。是指在横剖面内，基线到甲板边线的距离，它分干舷和吃水两部分。

识图应安排在高年级段学生中进行。

舰船模型的试航

舰船模型制作完毕，要进行试航。通过试航，了解船模的稳定

166

性和水密性；熟悉模型的性能，掌握试航技术。

试航前，先要考虑试航的内容和要求，对可能出现的问题估计充分。

船模下水前，先要对模型进行全面检查。如船模的各个部件是否牢固，动力装置连接是否符合要求，电源接通后，螺旋桨是否能正常转动，等等，如果没有问题，就可以下水进行调整。

下水调整分静态和动态两种。静态调整是检验船模的稳定性和水密性。水密性主要检查螺旋桨轴的轴套和船体是否漏水。稳定性主要检查模型静态浮在水面上是否与模型水线平齐。通过调整，使其吃水深度在预定的水线上。在调试中，还要注意船体的左右、首尾的倾斜情况。

静态调整后，将舵放正，进行动态试航，试航地点一般要选择风小、水不太深的河面，要避开水草。试航要由近到远，不要逆风进行。

放航时，将模型放在水面，接上电源，螺旋桨能正常运转，将船模扶正，注意前方终点，然后轻轻放开，让模型自然开出。模型开出后，要仔细观察船模的航行情况，如发现偏航，就要调整舵的角度，直到直线航行为止。

在初步掌握试航方法和调整技术后，就可以进一步摸索掌握不同风向、风速条件下的试航技术。

8．纸模型飞机的制作实践

纸模型飞机是模型飞机中最简单的。它构造简单，制作方便，最适低年级小学生的制作。一般用来制作纸模型飞机的纸，要求平整，有一定的刚性，重量轻，如画纸、卡片纸等。纸模型飞机分为折纸和粘接两种，也可以制作仿真飞机。通过纸模型飞机的制作和试飞，可以使学生学到一些初步的航空模型知识，为今后开展航空模型活动打下基础。

折纸是一种既简单又有益的活动。利用一张纸，经过反复折叠，能折出各种各样的飞机进行放飞。

纸模型飞机的试飞场地不用很大，甚至可以在室内进行。由于纸模型飞机重量较轻，不宜在风大的地方试飞。试飞时，用手拿住机翼下面重心附近部位，使机身呈水平状态，机头稍微向下倾斜，轻轻向前投出。

9. 侧影舰船模型的制作实践

侧影舰船模型是反映舰船侧面形象的平面模型。它以舰船的侧视图为依据，用线条来表示舰船的形状和各种设施。

侧影模型制作容易，适合低年级小学生制作。

侧影模型的制作，实际上是采用粘贴、拼接的方法，来制作船体和主要设备的。所以制作材料容易找，如吹塑纸、彩色卡纸、瓦楞纸、布料、木料等都可以用来制作侧影模型。

用硬纸板或木板做底板，用铅笔把集装箱船的轮廓画在底板上。然后把集装箱船上各个部件分别画在蜡光纸的背面，用剪刀或刀片把这些部件裁下来，粘贴在底板相应的位置上。各种颜色的配置为，干舷，海蓝；上层建筑和桅，白；烟囱，红；集装箱，任意选择不同的颜色，只要不与船体和舱面建筑颜色相同就可以了。

10. 实体舰船模型和橡筋动力舰船模型制作

实体舰船模型

实体舰船模型是用简单的几何体来反映船体外形和主要设备的立体模型。制作实体模型具有制材方便、花钱少、收获大、真实性强和可供陈列等特点。能提高制作者的识图能力，较适合初学者。实体模型材料一般选用木质较软的松木等，也可以用有机玻璃、泡沫塑料等制作，适合中年级小学生制作。

（1）船体制作：

找一块平整光滑的木板，在上面画出船的修面和平面的外形轮廓。用小刀加工成型，并用砂纸打磨光滑。要注意船体两侧的对称。

（2）上层建筑：

把各层甲板的外形画在木片上，然后把甲板一层层黏合在一起，甲板上需钻些小孔，以便插入天线和桅杆。

（3）设备：

制作方法基本上与上面相同。桅和天线可用竹丝或金属丝制作。舷灯规定左舷为红色，右舷为绿色，可用废旧的发光二极管或用红、绿颜色的牙膏柄制作。雷达用金属片制作，其他部件用木块、木片或有机玻璃制作。

（4）组装：

组装前，按图在船体甲板上画出各个零件的黏合位置。组装步骤可看模型立体分解图，没有立体分解图，可以根据图纸的侧视图和俯视图进行组装。

（5）模型上漆：

等胶水干后，在凹凸不平处嵌上泥子，并用砂纸打磨光滑，然后涂一两层清漆，再用水砂纸轻磨。最后根据模型各部分的颜色要求上漆。

橡筋动力舰船模型

橡筋动力舰船模型是利用橡筋扭曲和拉伸变形储存的能量，带动螺旋桨来驱动模型航行。

11．电动舰船模型的制作实践

电动舰船模型是利用电动机带动螺旋桨旋转，推动模型航行。电动模型一般选用玩具电动机，它具有体积小、使用方便等特点。

船体制作

（1）制作肋骨。把肋骨线型图（横剖线型图）分别画在三合板上，加工整形。

（2）制作龙骨。龙骨是纵贯船体、连接船首柱、尾柱和各个肋骨的重要部件。根据船体的侧视图，画出龙骨图，粘贴在五合板上锯下，经整形处理就可以了。

（3）组装框架。由于导弹艇的甲板是平的，可把肋骨按位置倒置在水平的工作板上，用大头针固定。要注意各肋骨的中心线对称将龙骨朝下，对准各肋骨的龙骨槽口。如槽口不正，要进行修正。然后在槽口涂上胶水，将龙骨插入各肋骨槽口中。找几根松木条用同样方法将龙筋粘在肋骨上。在粘接时，可用大头针进行固定。等胶水干后，检查框架是否牢固、是否平直对称。

（4）上船壳板。船底板用松木板分左右两边从船尾到船首整块铺盖，在所有结合处涂上胶水，并用大头针固定。然后再上左右侧板，最后用砂纸进行加工。

（5）制作船头。由于船首曲度较大，船头要用木块削制。找两块实心松木块，削成船头形状粘上，等胶水干后进行修正。

动力装置的制作

（1）制作螺旋桨。用自行车辐条作为螺旋桨轴，并将螺旋桨焊接上。

（2）制作轴套管。采用内径略大于螺旋桨轴直径的铜管或用铅笔去掉笔芯做轴套管。

（3）安装电动机。用两块小木块，放在4号肋骨后面作为底座，把电动机放在上面，使电动机轴与螺旋桨轴处在同一直线上。用胶水固定电动机座，用铁皮和螺丝将电动机固定。

（4）制作连接器。用内径与螺旋桨轴和电动机轴直径相等的弹簧，将弹簧分别套在两根轴上并焊牢。

（5）电源。有3节1号电池，串联成4.5伏电压输出。画个简易电池盒，固定在2～3号肋骨之间。用导线将电池、开关、电动机串联起来，就完成了。

舱面建筑

根据图纸，制作舱面上的各个部件，进行组装，然后将舱面建筑粘接在甲板上就行了。

电动舰船模型，船体和动力装置制作难度较大，可以作为提高项目在高年级学生中制作。

12. 纸盒车辆模型的制作实践

纸盒车辆模型制作就是利用废旧的包装纸盒，如药瓶盒、牙膏盒、火柴盒等。这种模型制作材料简单易找，制作时只要利用纸盒的原来形状，稍加剪折，就能做成形象逼真的车辆模型。适合小学中低年级学生制作。

牙膏盒卡车制作。取牙膏盒一只，在一头按图在车窗等部位剪开，用胶水粘好车头，用透明胶片作为车窗贴上，将盒的后部按图剪去多余部分做成车身。在盒的底部前后、左右各剪去一部分做轮壳。车胎用长纸条涂上胶水卷成圈做成，轴套用阔纸卷成纸管，用大头针将轮胎与车轴套接起来。车胎和轴套也可以用牙膏盖和吸管代替。用多余的纸盒片剪成车灯、保险杠等粘上，最后涂上颜料。这样一辆载货卡车模型就做好了。

13．风力小车模型的制作实践

风力车辆模型是利用风力推动而向前行驶的车辆模型。它的原理与帆船相似，但制作比帆船简单，是适合小学低年级学生制作的动力车辆模型。

市场上供应的玩具电动机，如 WZY-131 型、WZY-151 型等。它的工作电流、重量、体积和功率都比较小。

根据电动机驱动车轮的方法不同，可以分为直接驱动、摩擦轮传动和齿轮传动等几种方法。前面介绍的橡筋动力车辆模型，一般都可以改装成电动车辆模型。

直接驱动电动车辆模型

取 200×4×4（毫米）松木条两根，3毫米厚的木片一块，短木条两根，加工粘接起来。注意做好的车身应前窄后宽。然后取 1毫米厚的木片一块，贴在车身下，用来放电池。这样车身就做好了。

用白铁皮包住电动机，用螺丝固定在车身后的木块上。在电动机轴上套上两个玩具轮子。用大头针穿过车身前安装轮子的部位，穿上前轮。从电动机上接出电线，装上电池，接通电源就能试车了。多由于前轮两边的空隙较小，可以剪两段废圆珠笔芯管套上，但不要将前轮固定住，以免影响前轮转动。

试车时，如车向后退，只要交换一下电池的正负极就能纠正过来。当车辆不能直线行驶时，可调整前轮的角度，如向右偏，将前轮向左扭一下，如向左篇，则将前轮向右扭，经过几次调试后，就能直线行驶了。

这辆电动车模适合用于直线竞赛,如果要制作一辆圆周竞赛车模,则应将车身缩短，把轮子装在车身下。固定前轮的螺丝要长些，用来挂牵引线。圆心用一块木板，中间固定一根长钉，用 1.2 米左右的尼龙线，两头各打一个空心结，套在螺丝和铁钉上，能灵活转动。这时接通电源，车模在尼龙线的牵引下，做圆周运动。如果试车时出现翻车，可以把前轮稍微向外偏一点儿。

齿轮传动电动车辆模型

齿轮传动电动车模，是用电动机轴上的铜齿和后轴上的齿轮组成传动机构，来驱动车辆前进。

（1）底盘。

用三合板加工成车底盘的外形。在装轴架、电池极片和装电动机位置的两侧各打一个孔，准备装螺丝用。

（2）轴架。

用 2 块长 75 毫米、宽 10 毫米的白铁皮，在距两端 7 毫米处各打一个能穿过车轴的小孔，并把两端弯成直角，固定在底盘上。

（3）车轴。

用自行车辐条穿入轴架上，并在轴架两侧在车轴上各套上一节塑料管，防止车轴左右移动。在车轴的一端套上圆齿轮并固定住。用同样方法固定前轮轴架和轮轴，装上前后轮子。

（4）电动机。

用玩具电动机，先在电动机轴上装上钢齿轮，然后用白铁皮将电动机包住固定起来，这时两个齿轮应当吻合。

（5）电池。

用白铁皮做电池夹。用电线将电动机与电池夹连接起来，安装好开关。

安装完毕，注意检查各个部件安装是否正确。接通电源，检查齿轮是否太紧或太松，能否顺利带动后轮。

电动车辆模型，对于小学生来说是很吸引人的，它比其他电动模型容易制作，车辆跑得快，开得远，同时还是一般的竞赛项目。直接驱动电动车模适合中年级段小学生制作，高年级段小学生则可以制作齿轮传动的电动车辆模型。

14．声学制作活动的实践

小制作活动的内容十分广泛。它可以是很简单的一件小摆设，也可以是利用声光电进行较复杂的制作；它可以根据某个学科原理进行制作，也可以是小工具制作。

在开展小制作活动中，经过教师的精心辅导，和学生自己动手制作后，可以引导启发学生仔细观察各种生活用品、实验仪器等，在小学生中开展小发明、小创造活动，可以锻炼学生的观察思考能力和创造能力。

土电话是利用声音振动传播的原理设计的。它取材简单，制作方便，适合小学低年级学生制作。

话筒

找两只塑料冰淇淋杯或纸杯，用剪刀把杯底剪掉。每个纸杯都是既做话筒又做听筒。

振动膜

用牛皮纸做振动膜。将纸剪成圆形，比纸杯底直径略大。用胶水将圆纸贴在杯底，纸尽可能拉紧。

穿线

找一根几米长的棉线，把两个纸杯连起来，用大头针在纸杯振动膜中心穿一小孔，把棉线分别穿入两个纸杯中，并打个结。这样，土电话就做成了。

游戏方法

让两个学生，一人拿一只纸杯，一人把纸杯当话筒，一人把纸杯当听筒。当一人对着话筒小声说话时，声音使振动膜发生振动，通过拉紧的棉线传到对方的振动膜上，使听筒发生同样的振动，这样声音就传到另一个人的耳朵里去了。

15．光学制作活动的实践

光学小制作是利用光的反射、传播等原理设计的。制作时要用玻璃和镜子。利用光学原理制作的万花筒，适合低中年级学生制作。

把裁成300×50（毫米）的3块玻璃搭成三角校柱，在柱上用透明胶带粘住。在筒的一头贴上一块三角形玻璃或玻璃纸，用胶带粘住。

用硬纸做个框，把各种彩色碎纸装入后框，在框上再放一块磨砂玻璃，用胶带粘牢。在开口的一头，用带孔的硬纸封住，三面玻璃均用黑纸糊上，再在外面糊上一层漂亮的纸，如挂历等，用胶水粘好。这样，一只漂亮的万花筒就做好了。

如果在放碎片的地方，放入一只画好的彩色小蝴蝶或其他小动物、小昆虫，那将看到更加奇妙的画面。

16. 机械制作活动的实践

机械中的曲轴在小制作中能发挥很大的作用。它是利用曲轴转动时，曲轴上的物体上下翻转的原理设计的。

用三合板锯成长方形，并挖两个长方形孔，用砂纸磨光。用两个细铁丝，一根做前车轴，一根做成双动曲轴，做后车轴，用白铁皮做4个车轴架，将轴架固定在长方形底板上，穿进车轴，装上轮子。

在硬纸板上，分别画出阿童木的身子和两个手臂。用细铁丝将手臂和身体连接起来，使手臂能自由摆动。用两根细铁丝，分别将手臂和曲轴连接起来。

在阿童木前方放上一只鼓。鼓用乒乓球制作，将乒乓球上下各剪掉一些，再在剪去部位糊上牛皮纸即可。

使用方法：推动小车，使双动曲轴一上一下翻动，由铁丝带动阿童木手臂，一上一下挥臂击鼓。

利用曲轴可以制作许多玩具，如活动小鸡等。只要肯动脑筋，必定能设计出更好的曲轴小制来。这项小制作适合中年级小学生制作。对于高年级学生，可以启发学生自己进行设计制作。设计时，要弄清楚哪几个部位是活动的，动的幅度如何，然后用高低或正反的曲轴来进行带动。

第七章

学生小试验小制作指导

1. 气球传声

取一只大小适当的气球，把它吹大到直径 25 厘米左右。用细绳把气球吊在竹竿上，并使细绳能在竹竿上移动。在竹竿的一端挂一个闹钟，让闹钟的正面对着气球一面的中心。你站在气球的另一面，距离应当是使你正好听不清闹钟的"嘀嗒"声。移动气球位置，或调整你所站的位置，原来听不清楚的声音突然变得清楚了。这是球内的气体把声音会聚到耳边的缘故，只要把比空气密度大的气体充入气球，都能起到这种作用。而这只气球里充入的就是吹出来的二氧化碳气体。

2. 找磁铁棒

选两根完全相同的小铁棒（缝衣针也可以），其中一根在强磁铁的一个极上擦几下，使小铁棒也带磁性。另一根则没有磁性。对于这样两根外表一样的小铁棒，你能不借用其他东西的帮助，把那根带磁性的小铁棒找出来吗？

办法是有的，拿一根小铁棒的一端去接触另一根小铁棒的中间。如果端部吸引另一根小铁棒，那么你拿着的那一根是有磁性的。如果互相不吸引，那么你拿着的那根是没有磁性的。因为任何磁铁的磁性都集中在靠两端的地方，而中间几乎没有磁性。

3．转动的铅笔

把一支铅笔放在地毯上。你能不用手触及铅笔，而使铅笔按一定方向转动吗？其实这很容易，只要光着脚在地毯上踩几下（只有在干燥的日子才有效），然后伸出一根手指去接近铅笔，铅笔就会跟着你的手指转动。因为你用脚在地毯上摩擦的时候产生了静电，因而手指上也带上了静电荷，静电吸引使铅笔转动。

4．磁画

在一块书本大小的硬纸板上画上一个脸谱，然后把细导线沿着脸谱的轮廓布置在上面，并用透明胶纸把它粘住，使它不松动；再用一块同样大小的薄硬纸板，合在上面，用胶纸把两张纸粘牢。在薄纸上面撒上细铁屑。把细导线的一端串联一个 2～3 欧姆的电阻后和电池的一个极相接，导线的另一端和电池的另一个极相接。轻轻地敲打硬纸板，纸板上就会魔术般地出现一张人脸。如果你能把导线和电池隐藏起来，并用隐蔽的开关控制电流，那就能让观看的人目瞪口呆。

这是因为电流通过导线时会在导线周围产生电磁场，当你敲下硬纸板时，靠近导线的细铁屑受磁场作用而聚集起来，形成脸谱轮的廓图案。

5．有趣的"啄木鸟"

在一根金属棒或铅丝上松松地穿上一个小木杯，在木杯上安一个弹簧，弹簧的另一端固定一只"啄木鸟"。金属棒的顶部固定一个小球，底端固定在一个较重的木座或金属座上。用手拨一下"啄木鸟"，让它进行上下摆动，这时，木杯的倾斜度会改变，小木杯连同"啄木鸟"靠自身的重力，会沿着金属棒徐徐下落，并会引起"啄木鸟"进行上下振动，真像"啄木鸟"在啄着树干，非常有趣。

6．米花的舞蹈

在衣架上系十来条细线，间隔约5毫米，在每根线的另一端挂一粒爆米花，把衣架挂起来。找一根弹性较好的橡皮筋，固定好一端，用左手拉紧另一端，靠近爆米花的下部，用右手指去拨动橡皮筋。由于橡皮筋的中部振动最强，所以中间的一些爆米花首先摆起来。橡皮筋振动得越剧烈，爆米花摆动越大；橡皮筋停止振动，爆米花也就停止摆动。

由于橡皮筋振动，引起周围空气的振动，就使爆米花摆动起来。这个游戏也可以用来说明声音是怎样传播的，若这种振动的频率在$200 \sim 20\,000$赫兹，传到人耳的鼓膜上，就能听到声音。

7．静电喷泉

在桌子上面放一块塑料板，板上再放一只装满水的白铁皮桶。取一根尖嘴玻璃管（尖嘴直径约 0.3 毫米），平的一端插入橡皮管中；将橡皮管灌满水后，橡皮管的另一头放入白铁皮桶内的水中，利用虹吸现象，一股水流即从玻璃尖嘴中射出。

再用导线将白铁皮桶连接到感应起电机的一个电极上。接着，摇动感应起电机。这时就可以看到从玻璃管的尖嘴外射出一股美丽的"喷泉"——"静电喷泉"。这时，如用灯光照射，效果会更好。如果你不停地摇动感应起电机，并请别人用一支点燃的蜡烛火焰去烧尖嘴前的水流时，"喷泉"顿时消失而又成为一股细水流；当点燃的蜡烛从水流旁移开时，水流就又变成"喷泉"了！这是怎么一回事呢？

原来，由于静电感应，使桶和桶内的水都带上了大量电荷，当水由尖嘴中射出时，由于同性电荷互相排斥，水滴流也会相排斥，这样就形成向四周散开的喷泉。

火焰会把空气电离成许多正离子，再与水中的电荷相互中，"静电喷泉"便随之消失。

8．巧除水垢

水垢对人们是没有好处的。壶里结了水垢，不但盛水少了，烧起来也慢得多；机器的水冷部位结了水垢，热量散不出去，不但会影响产品质量，还可能造成严重事故。

为了清除水垢，人们想出了许多方法，但都有这样或那样的缺点，并且是消极被动的，不能彻底解决问题。而利用静电效应却能从根本上防止水垢形成。这是什么道理？

首先，要弄明白为何水垢会结在壶底。水垢是由钙、镁的碳酸盐、硫酸盐和硅酸盐相互作用形成的。这些盐类在水中离解成负离子，被底部的金属壁吸收住板结。因为正负相吸，故而不能剔除。

如果我们用静电捆住正负离子的手脚，便不会有水垢了。

至于如何产生静电场，请大家想一想。有什么办法？请动手试一试。

9．铅笔比重计

如果能做一个简易比重计，使你在做实验时能准确区分各种比重的溶液，那该多好！

找一支橡皮头铅笔，把图钉按人橡皮头的正中，浸入水里，在铅笔静止的位置刻一道线，作为水的比重的标记。在这以下的位置，刻上间隔相等的细线，分别标上 0、1、2、3……这样，一支铅笔比重就做好了。把这支铅笔比重计浸入盐水，这时候刻度会大于 0，盐水越浓，度数越大。

铅笔比重计是利用液体比重越大浮力也就越大的道理制成的。图钉的作用是为了降低铅笔的重心，使它能够垂直地浮在液体中。

10．水下炸弹

在水杯里放入一个小纸盒（包），会噼噼啪啪炸出很多水花来。

下面我们来做一下这个实验。所需材料和工具：跳跳糖、薄纸、玻璃杯、清水。

制作方法如下：准备一包跳跳糖，用薄纸一小块，在铅笔上卷一个小纸筒，不用糨糊粘，将底边多出的部分向内折叠压紧，把纸筒从铅笔杆上拔下来，做成一个圆筒形无盖有底的小纸盒，把跳跳糖的颗粒倒入纸盒里，将上口收拢捏一下，不必捏得太紧。倒一杯清水，最好用无条纹的平面玻璃杯。将装有跳跳糖的小纸盒投入水中，用铅笔压一下让它下沉，当水渗透到薄纸包里接触了跳跳糖就会发生"爆炸"，水花四溅还发出噼噼啪啪的小声响，看上去非常有趣。

跳跳糖遇水后会有强大的吸水性，在吸水过程中自身迅速分裂，好像跳起来一样，用纸包住它，再让它渗透水分，就控制了吸水过程，加大它的爆发力量。以它的跳动力量再去冲击水，便会产生水花溅起的现象。

11．旋转的纸杯

利用一只盛冰淇淋的纸杯和盖子，再找一根8厘米长的蜡纸吸管做成两个喷嘴。在纸杯上半高度处，对称地开两个小孔，然后把蜡纸吸管斜插在小孔里，并做好固定，把纸杯放在塑料碟子上。让碟子漂浮在一只盛水的脸盆里。

然后，在纸杯里先加 *1/3* 的水，再放进一小块石灰，立即把纸盖盖严。石灰遇水产生大量二氧化碳气体，急速地从两个喷嘴喷出，使纸杯欢快地旋转。

纸杯中的气体通过喷嘴向外喷的时候，气体对纸杯产生反作用力，从而使纸杯转动。

12. 神奇的喷泉

在两个大烧瓶的橡皮塞上各打两个小孔，把一个长管玻璃漏斗穿过一个孔并接近瓶底（漏斗下接皮管也可以），瓶里盛一些水。把一根尖嘴玻璃管插进另一个盛满水的大烧瓶。两个塞子的另两个小孔各插一短玻璃管，相互用皮管连接，接口处必须密封好，只要往漏斗里灌水，尖嘴玻璃管就会喷水。漏斗内的水漏完时，那边的喷泉也停止。如果把喷口弯一个角度，使喷出的水正好喷人漏斗，喷泉就能持续进下去。

原来，漏斗里的水进入烧瓶后，瓶内的空气受压，因为两瓶是相通的，另一瓶的气压也相应增大，于是就把水从尖嘴压出，形成喷泉。

13. 微型潜水器

科学家探索海洋深处的秘密，靠的是潜水器。虽然一些潜水器带有压缩空气瓶，但通常还要通过泵从地面往下输送空气。

我们可以利用一个倒置的杯子来制作一个微型潜水器。

首先，将手帕搓成一个球，紧紧塞进杯底，杯子颠倒过来后，要使手帕不至于掉出来。将杯子垂直放入水中，用手按住，以免杯子往上翻。

从水中取出杯子，整理好手帕。手帕竟一点儿也没有被水浸湿。原来奥妙在于杯子在放进水中时，留在杯中的空气将水阻住，使它不能完全进入杯里。

14. 卫生球跳舞

在一只玻璃杯中充水到将满时，加入两匙醋和 6 ～ 10 片小苏打，溶解后，放入几粒卫生球。把杯子放在一个安全的地方。过一两个小时后再看看，奇怪的事情发生了，这些卫生球在杯中上下舞动。仔细看那些卫生球，在它们表面附着很多小气泡。

因为卫生球稍重些，所以通常沉入水底。小苏打和醋作用产生二氧化碳气体，在水中形成许多小气泡，附着在卫生球表面时就使卫生球升到水面，这时一部分气泡破裂了，于是卫生球又往下沉，直到附着上足够的气泡才会重新升起来。

15. 听话的火柴

在一只脸盆里倒上水，在水面上放几根火柴或小木片，拿一块糖接触水面中心，有趣的现象就发生了：糖块附近的火柴或小木片立刻聚集到糖的周围。如果拿一块肥皂接触水面中心，火柴就会立刻向

185

四周散开。

这是因为糖溶于水后，水的表面张力突然增大，于是火柴便向着表面张力大的方向移动；当肥皂溶于水后，这部分肥皂水的表面张力突然减小，于是就出现了相反的情况。

16. 水上浮字

这是一个小的表演项目，在一个白色水盆里能浮起各种毛笔字。

本实验需要的材料和工具：白色脸盆、清水、毛笔、墨汁、竹板、大葱。

制作方法如下：准备一块竹板，把竹皮表面打磨光洁，把大葱撕开，用葱白有葱汁的部分在竹板的光洁面来回擦几次，将葱汁涂在竹板表面，稍干后用毛笔蘸浓墨汁在涂有葱汁的竹板处写字，写什么字都可以，稍干一会儿以后，把竹板平按入水中，按竹板时慢些，不要带起水波纹，然后慢慢地把竹板从中斜向抽出来，黑字便一一漂浮在水面上，不散不乱。

之所以如此，是因为葱汁有黏性，在竹板上形成一层薄膜，能托住毛笔字浮在水面上。

17. 水面绘画

利用水面的浮力可以画出"抽象派"画面。下面我们来做这个实验。

材料和工具有：水盆、清水、浓墨汁、毛笔、小木棍、白纸。

制作方法如下：将水盆盛满清水，平放在桌上，用毛笔蘸浓墨汁滴在水面上，用小木棍将墨滴推开，让墨滴散乱成不规则的乱云形花纹，取一张白纸平放在水面上，再轻轻提出纸张，水面上的花纹画面就会翻印到纸上，晾干印好的纸张，再精心剪裁一下四边，就能出现类似山脉、云层等"抽象"画面。

之所以如此，是因为水面平时总会有一层肉眼看不到的表面油脂，它可以把墨迹托起来，形成水平面印刷版，如果用油漆倒在水面上搅拌还可以在木板上印出像大理石一样的花纹来。

18. 简易的温度计

温度计之所以能测量温度，靠的是流体遇热时膨胀，遇冷时收缩的原理。大多数温度计利用水银来显示温度。我们用水来做一个简单的温度计。

在瓶中倒一杯水，并将瓶子放入盆中。在软木塞上钻一个孔，将玻璃管从中穿过。将软木塞紧紧盖住瓶口，玻璃管的一端应伸入瓶内水面以下。

接着，将热水淋到瓶子上。这样瓶中的水受热就会在玻璃管中上升。再向瓶子倾倒冷水，水便在自制的温度计内往下降落。

19．涨水

在洗脸盆里盛一点儿水，拿一只玻璃杯倒扣在水里，杯内杯外的水面分不出高低，都一样平。现在，采用两个简单办法，就可以使杯内的水面拔高一截。

拿一块沾过热水的毛巾，裹在璃璃杯上，过一会儿，就会看到有气泡溢出水面，等气泡不再外溢，把热毛巾拿走。再过一会儿，杯内的水面就会上升，也就是被拔高了。还有一个办法，用瓶子夹着一小团棉花，蘸一点儿酒精，把酒精点燃，用另一只手倒拿下玻璃杯，用点燃的棉球，烘一烘杯内的空气，再迅速地把杯子倒扣在清水里，杯内的水面也会拔高。

这两种办法都是先把玻璃杯内的空气加热，使杯内空气膨胀密度变小。这时将杯子扣在水中，等到杯子冷却以后，杯内空气的温度降低，杯内空气的压强缩小，在杯外大气压强的作用下，杯内的水面就会升高。

20．安全灯

把一小块铁窗纱放在蜡烛的火焰上。你会马上看到，火焰只在窗纱的网眼下面摇晃，绝不会透过网眼去。把窗纱抬高一点儿，或降低一点儿，火焰总是被"压"在窗纱下面。

实验原理如下。

窗纱是铁制成的，铁的传热性能很好，放在蜡烛的火焰上，火焰的热很快被传走，使得窗纱上面的蜡烛蒸气达不到可以燃烧的温度，火就熄灭了。

在电池发明以前，矿工下井挖煤都是点普通的油灯照明，但很容易点燃坑道中的煤气，发生瓦斯爆炸事故。后来，人们在灯的外面罩一个金属网罩，照明灯的火焰也就再也不会冒出罩外，不能点燃外面的瓦斯气体。这种灯叫作"安全灯"。

21．切不开的冰块

在一根长约 20 厘米的细金线的两端，各缚一支铅笔。拿一块冰，放在一只瓶子或一块木头的顶上，然后用双手拿着铅笔，把金属丝放在冰的中间，再用力向下压，切割冰块大约 1 分钟后，金属丝会全部通过冰块。但是冰块仍旧是完整的，好像没有被切割过一样。

这是为什么呢？原来，金属丝的压力使和它接触的那部分冰融化，这部分冰在融化过程中必须从它周围的冰块中吸一部分热量。当金属丝通过后，由于周围的冰温度仍旧比较低，所以切割时化成的水又重新结成冰了。

22．除墨迹

如果你不小心把红、蓝墨水，红、蓝色圆珠笔油或盖图章用的红、蓝色印油沾在衣服上，是很难用肥皂或洗衣粉洗净的。这时可以用酸性高锰酸钾溶液除去这一类污迹。

高锰酸钾是家庭中常用的消毒剂，很容易从药店里买到。用时须把它配成 0.1mol/L 溶液（质量百分浓度约为 2 ％），还要在溶液里加硫酸，这样便配成了高锰酸钾溶液（每 10 毫升高锰酸钾溶液加几滴浓硫酸）。然后把酸性高锰酸钾溶液滴在污迹处，红、蓝墨水等污迹就会消失。

为什么高锰酸钾溶液能褪色呢？因为红、蓝墨水，印油和圆珠笔油都是用染料配成的，而红、蓝色染料都是有机化合物，容易被高锰酸钾氧化，变成无色的物质。

在红、蓝墨水等污迹消失以后，上面会留下过剩的高锰酸钾溶液，它是紫色的。如果不把它除掉，则会在衣服上造成新的污迹。除去高锰酸钾的办法是在上面滴几滴 3 ％的过氧化氢溶液（可用医用的双氧水），它具有还原性，能把紫色的高锰酸钾还原为无色的硫酸锰。

最后，在衣服上的污迹被除去以后，还要用清水把衣服洗一下，以除去衣服上残留的化学药品。

23．引"蛇"出洞

看到过蛇出洞的人想必是很少的。一般人遇见蛇总有几分惧怕，胆小的人更会心惊胆战，谁还敢专门等在洞口，去引蛇出洞呢。不过，我们倒可以让你看一看"蛇"是怎样从洞里钻出来的，并且保证这条"蛇"不会伤害你。

把 7 克糖、7 克重铬酸钾和 3.5 克硝酸钾分别磨成很细的粉末（注意一定要分开磨），细心地把它们混合均匀，并用一张锡纸将混合物包成一个小包（包不宜太大，也不要把混合物包得太紧）。如果没有锡纸，则可以用聚乙烯塑料薄膜（市售的薄膜食品袋）代替。然后将装好混合物的纸包（薄膜包）放进一个用硬纸板卷成的纸筒内（筒要稍微大一些，使装混合物的纸包能在里面自由移动）。

把纸筒放在水泥地上，将纸筒的一头点着，等到里面的锡纸包（薄膜包）烧着后，你就会看到一条"蛇"慢慢地从洞内扭曲着爬出来，最后在地面上会躺着一条形象逼真的半尺长的"蛇"。

24. 水果催熟

有什么办法使生水果变熟呢？下面介绍一个催熟水果的实验。

先制取一瓶乙烯气体。

取一支圆底烧瓶，注入 5 毫升浓度为 96 % 的酒精，然后慢慢加入 10 毫升浓硫酸（一定要将浓硫酸加入乙醇中，以免发生危险）。配一个带弯曲导管和一支实验用温度计的橡皮塞。将烧瓶固定好待用。

再找一个带螺扣盖的广口瓶（最好用装果酱用的铁盖玻璃瓶），装满水，倒入在水盆中，选一个刚放进瓶子里的绿色小苹果或青西红柿。

准备好后，便可以进行实验了。

点燃酒精灯，给圆底烧瓶加热。注意：温度一定要控制在 160℃。将导管放进装满水的瓶中，用排水取气法制取一瓶乙烯气体。取出瓶，将选好的苹果放进瓶中，将盖子盖好，拧紧，放到不见光的地方。几个小时后，苹果原来的颜色消失，生水果就完全熟透了。

这是什么道理呢？因为乙烯有一种特殊的性质，它具有促使植物的果实早熟的催熟着色的本领；还具有使动物昏迷、植物"睡觉"的麻醉能力。人们常常利用乙烯的这个特性，把快要成熟的水果摘下来，运到目的地，在乙烯气体中放置几天，使水果成熟。这样可以大大减少运输中的损失。乙烯也可以使大量的橡胶乳流出，提高橡胶的产量。

25．找淀粉

从家用药箱中拿出一小瓶碘酒，或者到外面药房去买一瓶。将一茶匙的面粉倒在半杯热水里面搅匀。再用茶匙盛一两滴碘酒倒入杯内，杯中的液体马上变成深蓝色。

你刚才做的这个实验，实际上是就是化学家用来检查某种物质里面是否含有淀粉的方法。许多植物都含有淀粉。淀粉的分子是由碳、氢、氧三种原子组成的。糖也是由这三种原子组成，不过组合方式不同，所以才使得糖和淀粉大不相同。

只是碘一碰上含淀粉的东西，这种东西就变成蓝色。上面的实验能证明面粉里面含有淀粉。

用一小滴碘酒滴到一小片马铃薯、一条通心粉、苹果、麦片或者糖上面，看看它们中的哪几种里面含有淀粉。

26．化学烟圈

找一只马粪纸做的鞋盒，在盒的前侧开一个圆孔，可用打孔来钻孔，孔的直径大小以 5～10 毫米为宜。如果自制纸盒，大小以 300×150×150（毫米）为宜，并要注意使纸盒密闭。

打开盒盖，在盒内放两只培养皿或小烧杯，一只培养皿内加

*10*毫升浓盐酸，一只培养皿内加*10*毫升浓氨水，盖上盒盖，盒内立即产生浓厚的白烟（NH_4Cl）。

这时，你只要轻轻地拍打一下盒盖，一个白色的烟圈就会从圆孔中射出，和真的烟圈几乎没有什么两样。

27．碘酒变色

在皮肤肿处涂上碘酒，开始是深紫色的，可是过了几天颜色就会全部消失了。碘酒的颜色哪里去了呢？

若想知道碘酒颜色的去向，让我们先做一个实验吧。

找一个装药片的小玻璃管，洗净后烘干。取高粱米粒大的碘放进小管底部，用镊子夹住放在火焰上加热。当出现紫色的气体后，将一干净的小玻璃片放在管口上，停止加热。这时就会发现，这种气体遇冷后并没有变为液体，在玻璃片上凝结成一堆暗黑色的、有光泽的晶体。这证明碘具有升华的性质。了解了碘的这种性质，我们就会明白，涂在皮肤上的碘酒颜色的消失，是由于碘酒里的碘在体温的作用下，逐渐升华的缘故。

碘是法国化学家古尔多瓦在*1811*年的一次实验里，把硫酸倒在海草灰制备的碳酸钠中发现的。当时古尔多瓦没有确认这种物质是什么，后来在他朋友的帮助下，才弄清这种物质就是我们今天做碘酒用的碘。

28．燃烧的冰块

做这个实验前，自己可以先制一块冰。特别是在夏天不好找冰的情况下，更为需要。

找一个装香脂的小铁盒洗干净，盛半盒水。再买两只冰棍，把冰棍敲碎后，和两汤匙洗涤盐混合，放在一只饭碗中。把香脂盒放在里面，然后用蘸湿的毛巾盖住饭碗，过 15 ～ 20 分钟后，铁盒里的水便结成冰了。

把冰取出后，例可进行实验了。

取一小块电石（碳化钙）放在冰块上。然后擦着一根火柴，往冰和电石接触的部位一点，片刻就着起火来，而且越烧越旺，就像冰着了火一样。但当电石消耗完以后，火焰也就渐渐地消失了。

冰块和电石放在一起能够着火，主要是因为电石和水能发生激烈的反应，放出一种可燃性气体——乙炔（电石气）。当我们用点燃的火柴接近冰块时，使冰块发生微融，产生少量的水。水和电石发生化学反应，生成乙炔气。乙炔遇火开始燃烧。乙炔燃烧后，产生的热量进一步使冰融化。水又和电石发生作用，不断地的生成越来越多的乙炔气，火焰就逐渐地旺起来，直到电石作用完结为止。

电石和水作用，是制取乙炔气的一种方法。

29. 汽水里的气体

把一大汤匙的醋和发酵粉倒在一玻璃杯的水中，再放三粒樟脑丸进去，在樟脑丸上即刻出现许多二氧化碳的小气泡，这些小气泡好像一个个浮筒，把樟脑丸浮起在水面上，等气泡破后，樟脑丸下沉，再出现气泡，樟脑丸又浮上来。这种时而浮起时而下沉的情况可以持续好几个小时，直到这种化学运作完结为止。

请注意有些气泡始终不破，但是这些气泡往往出现在粗糙的樟脑丸表面上。

这些气泡好像汽水里产生的气泡。我们喝的汽水就是把配有糖和香料的水加入二氧化碳的气体制成的。这种气体实际上已溶在水里。打开汽水瓶塞，冒上来的小气泡就是二氧化碳。这些气泡使汽水产生一种碳酸气的味道。

30. 烛焰显字

把钢笔在醋里面蘸一下，再在一张厚厚的白纸上写上几个字。要多蘸几次，使字的笔画粗重。醋很快就干了，而且不留一点儿痕迹。

点一支蜡烛放在水槽里，因为这样会使实验安全妥当。放好蜡烛以后，就把这张用醋写了字的纸放在烛箱上大约 2.5 厘米高的地方烘烤，注意要把纸片不停地移动，不能只烤一个位置，否则纸容易被点燃。这样过了不久，你就会看到纸片上出现颜色焦黄的字迹。

用醋在纸上写字的地方，醋与纸发生化学反应，形成一种化合物。这种化合物比纸上没有写字的地方更易燃烧，纸在烛焰上烤的时候，写上字的地方就先被烤焦。用柠檬汁、葡萄汁或者牛奶汁写字，结果也会同醋写产生一样的效果。

31．自制农药

现在，不少人喜欢在自己的庭园里或者花盆里栽种花草树木，以美化我们的环境。但是，有时候树上会长虫，把我们辛辛苦苦的劳动成果毁坏了。你不妨在家里自制一点儿农药来防治这种病虫害。制法简单，价钱便宜，又不需要特殊仪器的农药，要数钙硫合剂了。

下面介绍钙硫合剂的做法。

在烧杯或搪瓷杯等其他容器中加 28 克生石灰（CaO），再慢慢加入 75 毫升水，混合均匀后即变成熟石灰。然后往烧杯中加 56 克研细的硫黄粉，用酒精灯加热煮沸一小时，反应过程中应不时搅拌，并补充因蒸发而损失掉的水分。因煮沸时会产生刺激性的气味，所以最好在室外制备钙硫合剂。把它贮存在玻璃瓶内，将瓶盖盖严，放在阴凉处，可以长期使用。

钙硫合剂用水冲稀 10 倍可以杀灭害虫，用水冲稀 40 倍时，可以用来杀死花草和树叶上的细菌，使用的时候以喷雾法最好。

32．盐和冰

大家都知道，雨雪冰冻后要撒盐加快融化，然而把一粒食盐放在水中，并没有烫的感觉，热是从哪里来的呢？

其实，盐在一定条件下不仅可以产生"热量"，而且还能把雪融化呢。我们可以通过实验观察一下。

冬末，找一个用过的香脂盒盖，盛上雪后，放在外面（不要拿进室内）。然后，往盒盖里的雪上均匀地撒上精盐面。过一会儿，盒盖里的雪就融化了（室外气温在零度左右效果更好）。奇怪，为什么没有热感的食盐，反倒能把冰冷的雪融化了呢？

这是由于盐和雪的混合物的冰点远远低于纯水的冰点的缘故。我们知道，纯水的冰点，在通常情况下为 $0°$ ，可是食盐饱和溶液的冰点将近零下 $-21℃$ 。雪是水以固态存在的一种形式，当它和食盐混合以后，这种食盐溶液的冰点就大大低于 $0°$ 了，所以雪就融化了。

利用这个原理，在盛夏冰镇食物的冰块上撒一些食盐，冰点就会降低到 $-21℃$ 。在工业上，可以利用这个原理来做专业的冷冻剂。

33．无火加温

取一支小试管，注入 5 毫升的温水，放入一支实验用温度计。取一个酒杯，放入 10 克氢化钾，再倒入 10 毫升清水，然后把盛放温水的小试管放入酒杯中，温度计的水银柱就会很快地上升。水温可以增加十几度。

　　10克氢氧化钾和10毫升水混合后，怎么就能使水温升高呢？原来氢氧化钾晶体溶于水时，它的同态分子机械地扩散到水中后，立刻和水分子发生水合反应。而这个化学反应是放热的，所以使整个溶液的温度升高了。在热的传导作用下，小试管里的水温也就升高了。